V&R

Katharina Bach-Fischer/Romina Rieder/
Franziska Grießer-Birnmeyer (Hg.)

Einander ins Bild gesetzt

Predigten aus der dramaturgisch-homiletischen Werkstatt

Vandenhoeck & Ruprecht

Umschlagabbildung: Gnade, © Christa Schüssel

Bibliografische Information der Deutschen Nationalbibliothek
Die Deutsche Nationalbibliothek verzeichnet diese Publikation in der Deutschen Nationalbibliografie; detaillierte bibliografische Daten sind im Internet über http://dnb.d-nb.de abrufbar.

ISBN 978-3-525-57065-4

Weitere Ausgaben und Online-Angebote sind erhältlich unter: www.v-r.de

Printed in Germany.
Satz: Konrad Triltsch, Ochsenfurt
Druck und Bindung: Hubert & Co. GmbH & Co. KG BuchPartner,
Robert-Bosch-Breite 6, D-37079 Göttingen

Gedruckt auf alterungsbeständigem Papier.

Rien de beau ne se peut résumer.
Schönes lässt sich nicht zusammenfassen.
(Paul Valéry, Cahiers II, 1384)

Für Martin Nicol
zum 65. Geburtstag

Vorwort

Seit über zehn Jahren sind wir mit Professor Dr. Martin Nicol im *Wechselschritt zur Kanzel* unterwegs. Bereits als Studentinnen haben wir ihn in Vorlesungen – traditionell zur Mittagsstunde im Kollegienhaus in Erlangen – erlebt und später als Mitarbeiterinnen gemeinsam mit ihm am Lehrstuhl für Praktische Theologie der Friedrich-Alexander-Universität neue Seminare ins Leben gerufen und in den Oberseminaren über die großen Themen der Theologie diskutiert. Seit 2009 führen wir als Referentinnen zusammen mit Martin Nicol pastorale Fortbildungen von Braunschweig bis in die Schweiz durch.

In all diesen Jahren inspirierte uns der Ansatz der Dramaturgischen Homiletik immer wieder neu. Kein Seminar glich dem anderen. Der kritische Geist von Martin Nicol treibt uns an, auf Nachfragen und Impulse einzugehen, diese didaktisch und homiletisch aufzunehmen und so die Dramaturgische Homiletik in der Praxis fortzuschreiben. So prägt uns nicht nur seine Homiletik nachhaltig in unserer theologischen Existenz, sondern vor allem auch sein theologisches Denken und Arbeiten, in das er uns in vielen Seminaren und Gesprächen immer wieder Einblick gewährt.

Mit diesem Buch anlässlich seines 65. Geburtstags wollen wir uns bei ihm für all das bedanken und hoffen, diese Sammlung von Predigten vieler Wegbegleiter der Dramaturgischen Homiletik bereitet ihm Freude und bestärkt ihn und auch uns selbst, weiterhin im Wechselschritt von *Titeln & Mitteln* und *Moves & Structure* unterwegs zu sein, sei es zur Kanzel oder ins nächste homiletische Seminar.

Wir danken allen, die sich bereit erklärt haben, eine Predigt für diesen Band zur Verfügung zu stellen. Wir waren oftmals freudig überrascht, wie gerne unsere Anfragen aufgenommen wurden. Auch darin spiegelt sich, davon sind wir überzeugt, die große Wertschätzung wider, die Martin Nicol und seine Homiletik erfahren. Vielen Dank für das zuverlässige Zuarbeiten und die raschen Rückmeldungen. Dank schulden wir auch der von Martin Nicol geschätzten Künstlerin Christa Schüssel, sie hat das wunderbare Titelbild zur Verfügung gestellt.

Für gute und vertrauensvolle Zusammenarbeit danken wir Christoph Spill vom Verlag Vandenhoeck & Ruprecht. Unser besonderer Dank gilt zudem Pfarrerin Julia Illner für aufmerksames und kenntnisreiches Korrekturlesen.

Außerdem bedanken wir uns bei der Evangelischen Kirche in Deutschland (EKD), der Evangelisch-Lutherischen Kirche in Bayern (ELKB) sowie der Dr. German Schweiger Stiftung, die sich großzügig an Druckkosten beteiligt und so das Erscheinen dieses Buches möglich gemacht haben.

Erlangen, Oktober 2017

Katharina Bach-Fischer,
Franziska Grießer-Birnmeyer & Romina Rieder

Inhalt

Katharina Bach-Fischer und Romina Rieder

Einleitung

Zwei Einsichten haben uns dazu bewogen, einen Sammelband mit Predigten zu konzipieren, die mit dem Handwerkszeug der Dramaturgischen Homiletik arbeiten: Zum einen hat uns die Vorstellung gelockt, am konkreten Beispiel zu lernen und besser zu verstehen, was Dramaturgische Homiletik ausmacht. Aus der didaktischen Praxis lässt sich festhalten, dass die Frage nach einer Sammlung exemplarischer dramaturgischer Predigten häufig gestellt wird. Im akademischen Diskurs wird deutlich, dass Anschauung zur dramaturgisch-homiletischen Praxis zum besseren Verständnis beitragen könnte.

Zum anderen zeigt sich immer wieder, dass die Dramaturgische Homiletik plural und vielfältig ist. Dennoch sind die Predigten, die mit dem Handwerkszeug und der Hermeneutik dieser Homiletik entstehen, vergleichbar. Diese Gemeinsamkeiten machen sie von anderen kreativen bzw. rezeptionsästhetischen homiletischen Ansätzen unterscheidbar.

Wie es sich für Vertreterinnen der Dramaturgischen Homiletik gehört, haben wir gemeinsam mit Franziska Grießer-Birnmeyer überlegt, welchen Titel ein Buch tragen soll, das aus diesen beiden Einsichten heraus entstanden ist.

Schließlich wird durch den gewählten Titel „Einander ins Bild gesetzt" deutlich, was wir mit diesem Buch erreichen wollen: Der Bezug zur Programmschrift „Einander ins Bild setzen"[1] wird zum Ausdruck gebracht und durch den Tempuswechsel im Titel wird erkennbar, dass es um gehaltene Predigt geht. Der Untertitel „Predigten aus der dramaturgisch-homiletischen Werkstatt" beleuchtet einerseits die Vielfalt der Rezeptionen der Dramaturgischen Homiletik und andererseits die Praxis, in der Predigerinnen und Prediger in ihren unterschiedlichen Arbeitsfeldern das Handwerkszeug der Dramaturgischen Homiletik handhaben. Diese Kontexte reichen vom Universitätsgottesdienst über den Einsatz in Funk und Fernsehen und die pastorale Aus- und Weiterbildung bis hin zur kleinen Dorfgemeinde in der bayerischen Landeskirche.

1 Die Programmschrift erschien erstmalig im Jahr 2002. Vgl. Nicol, Martin, Einander ins Bild setzen. Dramaturgische Homiletik, Göttingen ²2005.

Dazu haben wir Kolleginnen und Kollegen um Predigten gebeten, die zu verschiedenen Gelegenheiten mit der Dramaturgischen Homiletik in Berührung gekommen sind. Manche haben die Dramaturgische Homiletik mit aus der Taufe gehoben, genannt seien hier nur: Barbara Hauck, Bernhard Petry und selbstverständlich Alexander Deeg. Andere haben sie im Homiletischen Hauptseminar in Erlangen von der Pike auf gelernt, zum Beispiel Julia Illner, Lisa Heußner oder Christoph Zeh. Und wieder andere haben die Dramaturgische Homiletik nach Jahren eigener Predigtpraxis im Rahmen einer pastoralen Fortbildung, zum Beispiel im *Atelier Sprache e.V.*, kennengelernt und in bereits gefestigte Überzeugungen integriert: Kathrin Oxen, Olaf Trenn, Joachim Zirkler und viele andere.

Uns ist wichtig zu betonen, dass die hier aufgeführten Predigten in echter Predigtpraxis entstanden sind. Sie wurden zu unterschiedlichen Anlässen in Gottesdiensten gehalten. Somit sind sie ein Zeugnis der Machbarkeit des Ansatzes unter Realbedingungen und sollen keine dramaturgischen Musterpredigten sein. Um der Pluralität der Kontexte Rechnung zu tragen, stehen den Predigten kurze Information zur jeweiligen Autorin beziehungsweise zum jeweiligen Autor voran, sowie einige Bemerkungen zur Entstehung und den Umständen der Predigt. Bei der Redaktion der Predigtmanuskripte wurden zum Teil die Einteilung in *Moves*, sowie die Benennung von *Titeln* und *Mitteln* von den Herausgeberinnen in Absprache mit den jeweiligen Autorinnen und Autoren im Sinne der Dramaturgischen Homiletik nachbearbeitet. Die kursivgedruckten Bibelworte beziehen sich in der Regel, wenn nicht anders angegeben, auf den jeweiligen Predigttext.

Die vielfältigen Möglichkeiten der Aufnahme dieses Ansatzes in der Praxis werden in der abschließenden Reflexion der Predigerinnen und Prediger deutlich. Darin stellen die Verfasserinnen und Verfasser dar, inwiefern sie Impulse aus der Dramaturgischen Homiletik aufgenommen haben und damit weiterarbeiten.

Die Reihenfolge der Predigten entspricht im ersten Teil dem Gang des Kirchenjahres. Daran schließen sich im zweiten Teil Predigten an, die nicht dem Proprium eines Sonn- oder Feiertages entsprechen und denen ein Thema zugrunde liegt.

Abschließend haben wir in einem Resümee Beobachtungen aus den hier aufgeführten Beiträgen zusammengestellt und diese mit einigen weiterführenden Impulse verbunden.

Zu den wichtigsten Begriffen der Dramaturgischen Homiletik

Die hier versammelten Predigten und Reflexionen können und wollen nicht nur von Kennerinnen und Kennern der Dramaturgischen Homiletik gelesen werden. Trotzdem sind die Sprache und das handwerkliche Nachdenken im Folgenden naturgemäß geprägt von Begriffen und Bezeichnungen, die sich bei der Predigtarbeit mit der Dramaturgischen Homiletik bewährt haben. Die nachstehenden kurzen Erklärungen sollen die Lektüre erleichtern.

Move

Bei einem *Move* handelt es sich um eine kleine bewegte Einheit innerhalb einer Predigtrede. Er ist also die Sequenz einer Predigt. Jede dieser kleinen Einheiten hat einen relativen Anfang und Schluss.

Structure

Als *Structure* wird in der Dramaturgischen Homiletik die Struktur der Gesamtpredigt bezeichnet. Im Unterschied zu einer Gliederung ist die *Structure* nicht statisch oder überwiegend inhaltlich ausgerichtet, sondern formal bewusst und dynamisch gestaltet.

Titel

Jede Predigtsequenz, *Move*, sowie die Predigt im Ganzen erhalten einen eigenen Titel. Dieser Titel soll Bewegung und Intention der Predigt bzw. des einzelnen *Moves* kurz und prägnant zum Ausdruck bringen und dient vor allem der Selbstkontrolle beim Predigtmachen.

Mittel

Der Prediger oder die Predigerin gestaltet die Predigt mit Hilfe verschiedener sprachlicher Mittel. Die bewusste Entscheidung für sprachliche Mittel, die mit dem Gehalt der Predigt korrespondieren, prägt das handwerkliche Arbeiten der Dramaturgischen Homiletik.

RedenIn und RedenÜber
Die Unterscheidung zwischen *RedenIn* (induktiv) und *RedenÜber* (deduktiv) in der Dramaturgischen Homiletik soll eine klare Entscheidung für eine Sprachebene befördern. Dabei soll die Abwechslung zwischen Imagination, das vor allem durch Reden *in* und mit den Worten, Bildern und Geschichten der Bibel initiiert wird, und der Information, dem Reden *über* Sachverhalte, bewusst gestaltet werden. Beim *RedenIn* geht es dann nicht darum, *über* einen Bibeltext oder *über* Gott zu reden, sondern vielmehr darauf zu vertrauen, dass sich *im* Reden Wort Gottes ereignen kann.

Franziska Grießer-Birnmeyer

Wenn die Tür von außen geöffnet wird

Predigt am 3. Sonntag im Advent zu Matthäus 11, 2–6 (7–10)

Zur Predigerin

Franziska Grießer-Birnmeyer, geb. 1984, hat an der Friedrich-Alexander-Universität Erlangen-Nürnberg Evangelische Religionslehre, Englisch und Didaktik des Deutschen als Zweitsprache für das Lehramt an Gymnasien studiert sowie den Magisterstudiengang „Ethik der Textkulturen" absolviert. Von 2010–2017 war sie als wissenschaftliche Mitarbeiterin am Lehrstuhl für Praktische Theologie der Universität Erlangen tätig, seit 2012 ist sie als Prädikantin für das Dekanat Erlangen beauftragt.

Zum Hintergrund der Predigt

Am 13. Dezember 2015 habe ich in der Lukas-Gemeinde Bubenreuth, Dekanat Erlangen, als Prädikantin eine Vakanzvertretung übernommen.

Ich hatte auf Anhieb Lust, die vorgesehene Perikope für diesen Sonntag zu gestalten: Warten und Wunder in einem Text zusammengespannt – was für eine Kombination!

Manuskript der Predigt

Titel (→ Mittel)	(Titel ←) Mittel
Warten auf… I.	Erzählung, Einführung in die Situation

Liebe Gemeinde,
Johannes wartet. Er sitzt im Gefängnis auf der Bergfestung Machärus östlich des Toten Meeres. König Herodes Antipas hatte ihn verhaften lassen. Johannes hatte

dessen Ehe mit Herodias kritisiert. Herodes Antipas und Herodias hatten sich in Rom kennengelernt, beide waren zu diesem Zeitpunkt mit anderen Partnern verheiratet. Beide trennten sich von ihren bisherigen Ehegatten, dann fand die Hochzeit statt. *Es ist nicht recht, dass du sie hast.* (Mt 14,4) sagt Johannes zu Herodes Antipas.

Johannes wartet. Er kann nichts weiter tun. Was erwartet ihn? Wird es einen Prozess geben? Kann er auf eine Begnadigung hoffen, wird er inhaftiert bleiben, droht ihm die Todesstrafe?

Johannes wartet. Er denkt zurück. An sein bisheriges Leben in der judäischen Wüste in der Nähe des Jordan.
An die heiße Sonne am Tag, an den klaren Sternenhimmel in der Nacht.
An seine Kleidung aus Kamelhaar, an die Heuschrecken und den wilden Honig.
Dieses Leben in der Wüste, ohne Annehmlichkeiten, es entspricht ihm.
Er predigt mit Leidenschaft: *Tut Buße, denn das Himmelreich ist nahe herbeigekommen!* (Mt 3,2). Bei vielen Menschen trifft er den Nerv, sie hören ihm zu, lassen sich als Zeichen ihrer Umkehr von ihm im Jordan untertauchen.

Jetzt im Moment könnte der Kontrast nicht größer sein: Auf der einen Seite die Weite der Wüste, wo er sich mit Leib und Seele für das Himmelreich einsetzt – auf der anderen Seite die Enge der Gefängniszelle, wo ihm nun in jeder Hinsicht die Hände gebunden sind.

Johannes wartet. Er denkt an die Menschen, die ihm nahestehen. Er denkt an seine Schüler, Menschen, die er getauft hat, die ihm zugehört und seine Worte ernst genommen haben. Sie besuchen ihm im Gefängnis und berichten von den Ereignissen jenseits der Festung. Sie erzählen u. a. von Jesus aus Nazareth, der gerade in der Region unterwegs ist und von seinen Werken.

Jesus aus Nazareth – Johannes kann sich gut erinnern, als Jesus zum ihm kam und sich von ihm taufen lassen wollte. Er tat es – und der Himmel öffnete sich, der Geist Gottes fuhr wie eine Taube herab und kam über ihn. Johannes hat noch die Stimme im Ohr, die vom Himmel herab sprach: *Dies ist mein lieber Sohn, an dem ich Wohlgefallen habe.* (Mt 3, 13–17) Danach hatten sie sich aus den Augen verloren. Johannes denkt nach. Er will mehr wissen und schickt seine Schüler mit einer Frage zu Jesus: *Bist du es, der da kommen soll, oder sollen wir auf einen andern warten?*

Titel (→ Mittel)	(Titel ←) Mittel
Johannes, mein Johannes	Innerer Monolog Jesu

Ach Johannes, was für eine Frage! Was willst du nun von mir hören? Ja, Johannes, ich bin's? Das wäre dir zu platt, dafür bist du viel zu klug. Johannes, mit einem Ja oder einem Nein wäre deine Frage nur oberflächlich beantwortet, denn eigentlich reicht sie tiefer. Du fragst dich, wer ich für dich bin. Du fragst dich, ob ich der bin, auf den du wartest, auf den du in deinen Predigten hingewiesen hast. Du fragst dich, ob deine Erwartungen mit mir und in mir erfüllt werden. Ob die Verheißung des Propheten Jesaja Wirklichkeit wird, ob es mit mir beginnt, dass Täler erhöht, Berge erniedrigt werden, unebenes gerade und hügeliges eben wird, kurz: dass die Herrlichkeit Gottes offenbar wird.

Deine Frage kannst nur du selbst beantworten.
Johannes, was hörst du? Johannes, was siehst du? Wie deutest du das, was du hörst? Bringst du das, was du siehst, mit mir in Verbindung? Kannst du in den Dingen, die ich tue, die verborgene Herrlichkeit Gottes erkennen?

Liebe Schüler des Johannes, geht hin und sagt ihm, was ihr hört und seht:
Blinde sehen und Lahme gehen, Aussätzige werden rein und Taube hören, Tote stehen auf und Armen wird das Evangelium gepredigt; und selig ist, wer sich nicht an mir ärgert.

Titel (→ Mittel)	(Titel ←) Mittel
Welt der Wunder	Beschreibung

Geht hin und sagt ihm, was ihr hört und seht: Blinde sehen.
Erlangen im Juni 2012: Martin Aufmuth, Realschullehrer, gründet mit einer Reihe von Mitstreitern den Verein EinDollarBrille.

Er hat eine Brille entwickelt, die aus einem leichten, flexiblen Federstahlrahmen und fertigen Gläsern aus Kunststoff besteht, die einfach eingeklickt werden. Der Materialpreis liegt bei rund 1 US Dollar.

150 Millionen Menschen auf der Welt bräuchten eine Brille, können sich aber keine leisten. Sie sind nicht *blind* im eigentlichen Sinn, aber in ihrer Sehfähigkeit so eingeschränkt, dass sie nicht lernen, nicht arbeiten und nicht für ihre Familien sorgen können.

Martin Aufmuth und sein Team haben sich zum Ziel gesetzt, diesen Menschen zu helfen. Sie sind derzeit in neun Ländern aktiv: in Afrika, Mittel- und Südamerika und in Asien.

Das Leben der neuen Brillenträger verändert sich von Grund auf: lesen lernen, eine bunte Blume bewundern, das Gesicht eines lieben Menschen betrachten. Es ist der Beginn eines neuen Lebens.

Geht hin und sagt ihm, was ihr hört und seht: Taube hören.
In der Krippengruppe unserer kleinen Tochter ist Valerie. Sie ist gehörlos, sie war gehörlos, muss es eigentlich heißen. Sie hat zwei Cochlea-Implantate eingesetzt

bekommen, das sind Hörprothesen für Gehörlose, deren Hörnerv nicht funktionsgestört ist. Ihre Mutter erzählt, dass Valerie nun immer zwei Geburtstage feiert: Den Tag, an dem sie geboren wurde, und den Tag, an dem sie die Implantate bekommen hat. Es war der Beginn eines neuen Lebens.

Liebe Gemeinde, wie deutest du das, was du hörst? Bringst du das, was du siehst, mit Gott in Verbindung?

Titel (→ Mittel)	(Titel ←) Mittel
Warten auf… II.	Erzählung (Parallele zu Move 2)

Liebe Gemeinde,
knapp 2000 Jahre nach Johannes dem Täufer sitzt ein anderer Mann in einer Gefängniszelle, Dietrich Bonhoeffer.

Er wartet. Im November 1943 sitzt er im Untersuchungsgefängnis der Wehrmacht in Berlin Tegel. Im April waren er und sein Schwager Hans von Dohnanyi wegen „Wehrkraftzersetzung" verhaftet worden. Angehörige der Gruppe um Canaris, Oster und Klaus Bonhoeffer hatten im April zwei Attentate auf Hitler unternommen, die beide fehlschlugen – die Ermittlungen führten zu Dietrich und Hans.

Er kann nichts weiter tun. Was erwartet ihn? Wird es einen Prozess geben? Kann er auf eine Begnadigung hoffen, wird er inhaftiert bleiben, droht ihm die Todesstrafe?

Dietrich wartet. Er denkt an die Menschen, die ihm nahestehen, besonders an seine Verlobte Maria von Wedemeyer. Ihr schreibt er am 21. November 1943:

> Wenn du den Brief kriegst, ist wohl schon der Advent da, eine Zeit, die ich besonders liebe. Weißt du, so eine Gefängniszelle, in der man wacht, hofft, dies und jenes – letztlich Nebensächliche – tut, und in der man ganz darauf angewiesen ist, daß die Tür der Befreiung von außen aufgetan wird, ist gar kein so schlechtes Bild für den Advent.[1]

Johannes der Täufer und Dietrich Bonhoeffer wünschen sich ein freies, heiles, ganzes Leben. Ich mir auch. Ich nehme an, Sie sich auch.

Tut Buße! (Mt 3,2) ruft uns Johannes zu. „Kehrt um. Der Weg, den ihr eingeschlagen habt, um auf eigene Faust frei und heil zu werden, wird euch nicht ans Ziel führen. Ihr überschätzt euch, wenn ihr denkt, dass ihr es aus euch heraus schaffen könnt. Ihr irrt euch, es liegt nicht in eurer Hand. Kehrt um, tut Buße,

1 Brautbriefe Zelle 92. Dietrich Bonhoeffer – Maria von Wedemeyer – 1943–1945, hg. v. Ruth-Alice von Bismark u. Ulrich Kabitz, München 2006, 83.

wartet, haltet die Spannung aus. Gott öffnet die Tür von außen, denn das Himmelreich ist nahe herbeigekommen!"

Titel (→ Mittel)	(Titel ←) Mittel
Wenn Gott die Tür aufmacht	Weiterführung der biblischen Rede mit lyrischen Mitteln

Wenn Gott die Tür aufmacht, dann stelle ich mir das so vor:

Die Augen der Blinden sehen aus Dunkel und Finsternis.
„die Schwarzseher sagen: Es ist alles gut"[2]
„der Analphabet liest die Zeichen der Zeit"
„Enttäuschte entdecken: Die Welt ist so bunt"

Die Lahmen springen wie ein Hirsch.
„Geduckte heben ihre Köpfe"
„Verplante machen selber Pläne"
Schwache spüren: Gottes Kraft ist in ihnen mächtig.

Die Tauben hören laut Musik.
Den Unterdrückten wird die frohe Botschaft gepredigt.

Die Zunge der Stummen wird frohlocken.
Der Stumme spricht die Wahrheit. Er singt.
„Die Alleswisser haben Fragen"
Die Stolzen und Unabhängigen bitten um Hilfe.

Im Eingangslied haben wir vorhin gesungen:
„Komm, o mein Heiland Jesu Christ, meins Herzens Tür dir offen ist."

Wir danken dir, Herr der Herrlichkeit, du hast die Tür aufgemacht.
Amen.

Zur Arbeit mit der Dramaturgischen Homiletik

Universität Erlangen, Sommersemester 2005: Ich hatte im Vorlesungsverzeichnis das Wochenend-Seminar „Werkstatt Sprache – Impulse aus Kino, Redaktion und [jüdischem] Lehrhaus" entdeckt – der Titel klang verlockend. Und in der Tat: Unter der Leitung von Martin Nicol und Alexander Deeg habe ich mich von Kurzfilmen in andere Welten entführen lassen, Sándor Percze hat mich in die Geheimnisse der Schnitt-Techniken eingeweiht und ich wurde angeregt, mit liturgischer und homiletischer Sprache zu experimentieren.

2 Alle Zitate im Folgenden aus: Zenetti, Lothar, Wie ein Traum, in: Ders., Auf seiner Spur: Texte gläubiger Zuversicht, Mainz 2000.

Die Dramaturgische Homiletik begleitet mich in der eigenen Predigtarbeit (seit 2012 als Prädikantin) wie auch im Predigtcoaching mit Studierenden (von 2010–2017 an der Universität Erlangen) und Pfarrerinnen und Pfarrern sowie Ehrenamtlichen (seit 2013). Ich erlebe sie in der Produktion wie Rezeption von Predigten als ebenso anregend wie konstruktiv.

Drei Aspekte sind mir besonders wichtig (geworden): Erstens kommt es vielen (Erst-) Predigenden – so auch mir – sehr entgegen, in kleinen Schritten zu denken, zunächst kürzere Sequenzen zu schreiben und nicht sofort die gesamte Predigt im Blick zu haben bzw. haben zu müssen. Die Angst vor dem weißen Blatt nimmt ab, die Lust am Ausprobieren nimmt zu. Zweitens lohnt es sich dabei immer, der Frage nach dem *Mittel*, also der sprachlichen Gestalt, eines *Moves* nachzugehen. Oft lässt sich daran die Intention präziser fassen oder Folge-*Moves* entwickeln. Drittens hat mich die Dramaturgische Homiletik bestärkt, den biblischen Worten, Bildern und Geschichten zu vertrauen. In der Predigtvorbereitung helfen mir die Schritte der dramaturgischen Texterkundung, die Eigenbewegung der jeweiligen Perikope zu erfassen – und bislang hat mich jeder Text bewegt.

Katharina Bach-Fischer

Ein Licht stört in der Finsternis

Predigt in der Christvesper zu Johannes 3,16–21

Zur Predigerin

Katharina Bach-Fischer, geb. 1985, hat an der Friedrich-Alexander-Universität Erlangen und an der Ruprecht-Karls-Universität Heidelberg Theologie studiert. Sie war als Prädikantin der Evangelisch-Lutherischen Kirche in Bayern beauftragt und ist seit 2017 Vikarin derselben. Seit 2012 ist sie Mitarbeiterin am Lehrstuhl für Praktische Theologie von Prof. Dr. Martin Nicol. Zuletzt als Referentin und Predigtcoach für die pastorale Fortbildung im Bereich der Dramaturgischen Homiletik, v. a. im *Atelier Sprache e.V.*

Zum Hintergrund der Predigt

Die vorliegende Predigt habe ich als Prädikantin im Dekanat Weiden in der Christuskirche zu Speichersdorf in der Christvesper 2016 gehalten. Im Gottesdienst wurde nach der Predigt das Friedenslicht von Bethlehem von den Feiernden geteilt.

In der Vorbereitung habe ich den Predigttext sperrig erlebt, besonders mit Blick auf die weihnachtliche *Kasualgemeinde.* Wer will am Heiligen Abend vom Gericht Gottes hören? Von Martin Nicol habe ich gelernt, dem biblischen Wort zu trauen und so blieb ich der Predigtordnung treu und wagte mich an den Johannestext. Ich habe versucht, die von mir empfundene Spannung für die Predigt fruchtbar zu machen. Hilfreich war mir die Predigtmeditation von Eva Hadem,[1] das wird im Schluss*move* deutlich. Martin Nicol hat eine frühere Version dieser Predigt gecoacht und ermutigte mich zu mehr Stringenz und klarer *Mittel*wahl gegen Ende hin. Den letzten hier abgedruckten *Move*, habe ich auf seine Anre-

1 Vgl. Hadem, Eva, Weihnachten den Weltblick Gottes wagen, in: GPM 70/1 (2016), 43–48.

gung hin weggelassen und nicht vermisst. Nicht ganz glücklich bin ich mit den eher reflexiven *Moves* drei und fünf. Wahrscheinlich wäre hier ein induktiveres Vorgehen möglich gewesen.

Als am 19. Dezember 2016 in Berlin der Anschlag auf den Weihnachtsmarkt an der Kaiser-Wilhelm-Gedächtniskirche verübt wurde, war die Predigt bereits mehr oder weniger fertig. Ich überlegte nicht lange und entschied mich, sie nur wenig anzupassen. Johannes 3 schien mir auf einmal genau der richtige Text zu sein.

Manuskript der Predigt

Titel (→ Mittel)	(Titel ←) Mittel
Den Störfaktor wegschmücken	Anapher, Ich-Bericht

Liebe Gemeinde!
Wieder ist Weihnachten. Wieder habe ich für ein paar Tage das Gefühl, die Welt steht still. Morgenmittag, nach dem Gottesdienst, gehört die A93 auf dem Weg nach Hause mir allein. Wieder ziehe ich mich, wie viele hier wahrscheinlich auch, in die warme Umarmung meiner Familie zurück. Der Trubel rund um Adventsfeier, Geschenkekauf und Festtagsvorratshaltung hat ein Ende. Wieder atmet meine Welt einmal tief durch. Die wackelige Gesundheit meiner Oma, all die alltäglichen Streitereien in der Familie, habe ich weggesperrt im Keller meiner Gedanken. Auch die Nachrichten der vergangenen Wochen und Monate schiebe ich an Weihnachten beiseite: Trump, Syrien, Flüchtlinge und nun die fürchterlichen und widerlichen Anschläge in Berlin.

Ich lasse mich gerne stören vom Weihnachtslicht im finsteren Alltagspessimismus. Weihnachten strahlt, strahlt im Glanz meiner Sehnsucht nach einer guten Welt und dem Schein aus Kindertagen, wo alles irgendwie in Ordnung und so viel einfacher war. Eine Welt ohne *Finsternis*, ohne *Böses* und erst recht ohne *Gericht*.

Titel (→ Mittel)	(Titel ←) Mittel
Im Spiegel der Weihnachtssonne	Vergleich, Bibelwort & Kanzelsprache

Weggeschoben. Weggesperrt. Verborgen.
All das Böse schiebe ich mir aus dem Blick und doch verschwindet es nicht. Es ist doch da und es stört. Es stört meine Weihnachtsstimmung ganz gewaltig, wie ein roter Pickel in einem sonst gut geschminkten Gesicht, wie eine Narbe oder Runzelfalten auf makelloser Haut, die ich im Spiegel betrachte. Die Damen unter uns kennen das bestimmt, und ich bin fast sicher die Herren auch: Gerade noch

finde ich mich halbwegs passabel – besonders heute im schönen Festtagszwirn – also, gerade noch halbwegs passabel schaue ich ein letztes Mal prüfend in den Badezimmerspiegel und schalte dazu das Spiegellicht ein. Hell und klar leuchten die LEDs. Ein erneuter Blick in den Spiegel: Wer ist das denn? Blass und müde! Jede Unebenheit, jede Unreinheit, die ich gerade noch so freundlich übersehen habe, hat plötzlich gefühlt die Ausmaße eines halben Kontinents. Gar nicht mehr schön. Schnell weg aus dem grellen Licht. *Das ist aber das Gericht, dass das Licht in die Welt gekommen ist.*

Titel (→ Mittel)	(Titel ←) Mittel
Im Zwielicht	Gedanken

Wenn Gottes Herrlichkeit und Glanz erscheint in dieser Welt – und sei es als Säugling in einem Stall – sind wir alle Masken los. Im Licht Gottes wird alles sichtbar. Das Schöne und das Hässliche. Das Gute und das Böse. *Das ist aber das Gericht, dass das Licht in die Welt gekommen ist und die Menschen lieben die Finsternis mehr als das Licht.*

Im göttlichen Licht, im Glanz der Weihnachtssonne stehe ich da, so wie ich bin. Kein Verbergen, Wegsperren und Wegschieben ist dann mehr möglich. Gottes Licht, das Licht der Wahrheit, macht sichtbar was verborgen ist. Ich kann die schwarzen Flecken meiner Seele, meine Fehler, meine Schuld nicht wegschmücken und schon gar nicht überschminken.

Alles was ich bin, alles was ich getan habe oder nicht, alle meine Werke, werden offenbar im Licht des Schöpfers. Sein Licht stört in der Finsternis, in der ich mich verstecken will.

Titel (→ Mittel)	(Titel ←) Mittel
Diese Welt ist nicht in Ordnung	Anrede, Anapher

Gottes Licht stört die Finsternis, in der ich mich verstecken will und es stört die Finsternis der Welt. Ja, diese Welt ist finster. Diese Welt ist nicht in Ordnung, nur weil wir ein paar Tage Weihnachten feiern. Und niemand von Euch muss heute so tun als ob. Niemand, der heute mit seinen Sorgen und Nöten in die Christuskirche gekommen ist, ist damit allein. Die Welt ist nicht in Ordnung.

Es ist nicht in Ordnung, dass die Angst vor dem Anderen und der Hass gegen das Fremde bald in jedem Land in Europa mitregieren.

Es ist nicht in Ordnung, dass die Augen Eurer Kinder schon so viel Gewalt und Krieg und Terror gesehen haben. So sehr Ihr sie auch beschützt vor den Nachrichten und der Unordnung der Welt.

Es ist nicht in Ordnung, dass dann doch so viele von uns nach diesem Gottesdienst alleine nach Hause gehen, weil sie niemanden haben, der mit ihnen feiert.

Das ist aber das Gericht, dass das Licht in die Welt gekommen ist. Das ist das Gericht, dass wir diese Welt erkennen und sehen, wie sie ist. Diese Welt ist nicht in Ordnung und die Versuchung ist groß, die Augen zu verschließen, nicht hinzuschauen und die verbergende Finsternis, mehr zu lieben als das Licht der Welt.

Das ist aber das Gericht, dass das Licht in die Welt gekommen ist, und die Menschen lieben die Finsternis mehr als das Licht.

Titel (→ Mittel)	(Titel ←) Mittel
Feuer und Flamme für die Welt	Bibelwort & Kanzelsprache, Reflexion

Diese Welt ist nicht in Ordnung. Und: Diese Welt ist nicht verloren! *Denn Gott hat seinen Sohn nicht in die Welt gesandt, dass er die Welt richte, sondern, dass die Welt durch ihn gerettet werde.* Es ist genau diese Welt, diese manchmal fürchterliche und unordentliche Welt, die Gott liebt, für die er Feuer und Flamme ist. Es ist diese Welt, die Gott so sehr geliebt hat, *dass er seinen eingeborenen Sohn gab, damit alle, die an ihn glauben, nicht verloren werden, sondern das ewige Leben haben.* Gott rettet die Welt. Gott hat diese Welt so unbändig lieb, dass er sich hineinstürzt ins Chaos.

Gott erleuchtet diese Welt und erschüttert sie zugleich. Das Licht scheint hell und klar. Die Unordnung wird sichtbar. Das Licht stört in der Finsternis.

Ein Kind wird geboren, das ist Licht. Jedes Kind. Immer. Eine neue Hoffnung für diese Welt. Dass es Gott ist, der als Kind geboren wird, das verstört und stört. Gott wird Mensch in dieser Welt, in einer kleinen Stadt in Judäa, die da heißt Bethlehem. Und mit diesem Kind kommt der Glaube zur Welt. Der Glaube, dass es wirklich gut wird. Dass es ein Ende haben wird mit der Finsternis, dem Bösen und dem Gericht. Der Glaube, dass es eine gute Welt gibt. Eine Welt, schöner noch wie die Welt meiner Kindheit, wo alles irgendwie in Ordnung war.

Titel (→ Mittel)	(Titel ←) Mittel
Das Licht zerstört die Finsternis	Zuspruch, Chiasmus

Wenn wir gleich das Friedenslicht von Bethlehem empfangen und miteinander teilen, wird es hell werden. Hell in der Dunkelheit der Heiligen Nacht. Ein bisschen Weihnachtsglanz des Glaubens für diese Welt. Licht in der Finsternis.

Der Lichtglanz Gottes. Er wird größer und heller. Ein Licht stört die Unordnung dieser Welt. Es stört Unfriede, Angst und Verzweiflung. Ein Licht leuchtet auf in der Dunkelheit. Ein Licht der Freude und der Hoffnung. Das Licht wird brennen bei Euch zu Hause, ihr nehmt's ja mit aus diesem Gottesdienst – ein Licht in Händen und so Gott will ein Licht im Herzen.

Und das Licht leuchtet in der Finsternis der Einsamkeit und ihr seid in Gesellschaft derer, die dieses Licht um die Welt getragen und behütet haben.

Das Licht leuchtet in der Finsternis, damit die Augen Eurer Kinder, die Gewalt und Krieg und Terror gesehen haben, glänzen im Licht des Friedens.

Das Licht leuchtet in der Finsternis. Das Licht, das Mauern überwindet und Fremdenhass und Angst.

Das Licht leuchtet in der Finsternis. Und ich gebe die Hoffnung nicht auf, dass das, was in manchen wunderschönen Weihnachtsstunden möglich ist, alle Tage möglich ist. Denn Gott hat diese Welt so sehr geliebt, *dass er seinen eingeborenen Sohn gab auf dass alle, die an ihn glauben, nicht verloren werden, sondern das ewige Leben haben.* Amen.

Folgender Move ist entfallen:

Titel (→ Mittel)	(Titel ←) Mittel
Friedenslicht für die Welt	Szene, Itinerar

Euch wurde ein Kind geboren in Bethlehem. Bethlehem die Stadt in Palästina, wo bis heute die Geburtskirche den Ort markiert, wo Gott Mensch wurde. Ehrwürdige Steine tragen seit mehr als anderthalb Jahrtausenden das Gewicht der Mauern dieser Kirche. Lampen und Ölgefäße hängen von Decken und Wänden wie ein Gruß aus Tausend und einer Nacht. Weihrauch schwebt in der Luft. Schwarz gewandete Mönche. Rauschebärte und glänzende Augen. Und flugs hinuntergestiegen in die Geburtsgrotte. Es wird eng. Der Boden ist glatt von all den Füßen, die hierher kamen. Ein Weihnachtsstern glänzt silbern, unzählige Male geküsst im Laufe vieler Jahrhunderte. Hier soll sie gestanden haben die Krippe des kleinen Jesuskindes.

Und auch am 11. Dezember stand da ein Kind. Seine Kinderhände halten eine Kerze. Ein Licht flammt auf. Das Friedenslicht von Bethlehem. Es brennt. Die Flamme der Hoffnung lodert und brennt. Hinauf damit in die Kirche und hinaus in die Stadt Bethlehem. Eine Stadt hinter einer meterhohen Mauer, die Israelis und Palästinenser trennt. Das Licht überwindet diese Mauer. Hinaus in die Unordnung der Welt. Viele Hände hüten das Licht. Das Licht wird geteilt. Züge und Flugzeuge tragen es. Über Zäune und Grenzen, in Wohnhäuser, Kirchen und Parlamente. Und es brennt auch hier. Hier bei uns. In der Christuskirche in Speicherdorf.

Zur Arbeit mit der Dramaturgischen Homiletik

Der Dramaturgischen Homiletik begegnete ich zuerst als Hörerin. Es gehörte eindeutig zu den Verlockungen der Erlanger Sommersemester, in den Vorort Tennenlohe zu radeln und den Gottesdiensten des Homiletischen Seminars in der Kirche St. Maria-Magdalena zu lauschen. Nicht nur lockten die bekannten Gesichter der Kommilitoninnen und Kommilitonen sowie anregende Predigtnachgespräche, sondern mit Sicherheit zu erwarten waren Kreativität und Freude auf der Kanzel.

Im Sommer 2008 war es dann für mich soweit. Unter der Anleitung von Martin Nicol und Alexander Deeg machte ich mich daran, meine erste Predigt mit den Mitteln der Dramaturgischen Homiletik zu verfassen. War ich zuvor im Studium Exegetin, Philologin, Historikerin oder Systematikerin gewesen, jetzt ging es darum all dies zu vereinen. Im homiletischen Hauptseminar wurde ich zur Theologin. Das mag zum einen in der Natur der Aufgabe Predigt liegen und zum anderen sicherlich auch verbunden sein mit der didaktischen Leidenschaft der beiden Hochschullehrer, einer Leidenschaft wie ich sie in meinem Studium kein zweites Mal erlebt habe; ich denke aber auch, dass es ans Wesen der Dramaturgischen Homiletik rührt. Es ist mir unbegreiflich, wie ihr ihre Kritiker materialhomiletische Vergessenheit vorwerfen können. Sauberes theologisches Nachdenken gehört ebenso zu den Pfeilern der Dramaturgischen Homiletik, wie die hermeneutische Überzeugung von der Wirksamkeit des lebendigen Gotteswortes und die Liebe zur Sprache und all ihren Formen. Das Paradigma, das die Predigt als „Kunst unter Künsten“[2] begreift, habe ich immer wieder als befreiend erlebt. Es erlaubt mir Spiel und Freude beim „Predigtmachen“[3] und das mit aller gebotenen Ernsthaftigkeit beim Verkündigen der frohen Botschaft Gottes.

Ich bin der Dramaturgischen Homiletik zuerst als Hörerin begegnet. Wie hält diese Homiletik es eigentlich mit dem Hören? Diese Frage bewegt mich in letzter Zeit bei der Predigtarbeit und auf Fortbildungen wieder zunehmend. Freilich die Erkenntnis von der Offenheit von Rezeptionsprozessen ist hilfreich und für die Freiheit der Hörerinnen und Hörer unaufgebbar.[4] Meines Erachtens gewinnen die Predigten dadurch, dass sie sich erlauben, etwas anderes zu sein als der Lieferservice, der den Rezipienten die Botschaften frisch, einheitlich und konsumfertig vor die Haustür stellt. Und dennoch frage ich, wo ist der Platz meiner Gemeinde und meiner Beziehung zu ihr in meinem homiletischen Atelier? Wo ist der bewusst

2 Vgl. Nicol, Martin, Einander ins Bild setzen. Dramaturgische Homiletik, Göttingen ^{2}2005, 29–37.

3 Vgl. Nicol, Martin / Deeg, Alexander, Im Wechselschritt zur Kanzel. Praxisbuch dramaturgische Homiletik, Göttingen ^{2}2013, 20.

4 Vgl. Nicol / Deeg, Wechselschritt, 36; 84; 154.

gewählte Raum beim Predigtmachen und -vorbereiten für meine Gemeinde? Ich bin überzeugt, es gibt Antworten im Rahmen der Dramaturgischen Homiletik.

Spätestens seit ich 2012 Mitarbeiterin am Lehrstuhl wurde, habe ich die Feedbackkultur rund um die Dramaturgische Homiletik als durchweg bereichernd erlebt. Durch die bewusste Arbeit an der Form und am Handwerk des Predigens ist es unter *Eingeweihten* problemlos möglich, sachlich und konzentriert Rückmeldung zu Predigtentwürfen oder gehaltenen Predigten zu geben. Auch diese Predigt hat davon profitiert. Es geht dabei dann eben nicht darum, sich theologisch eins zu werden, sondern zu fragen, ob die Predigt die Anliegen der Predigerin handwerklich und sprachlich gut zur Darstellung bringt. Freilich fließt auch hier Herzblut, wenn Gelungenes aus Gründen der Stringenz gestrichen werden muss oder liebgewonnene Überzeugungen der Einsicht weichen müssen, dass in dieser Predigt kein Platz für sie ist. Luft nach oben, auch das eine Einsicht, ist eigentlich immer und jede Predigt immer nur vorläufig fertig.

Kerstin Baderschneider

Das Wort ward Fleisch im Stall

Predigt am 1. Weihnachtstag zu Hebräer 1,1–4(5–14)

Zur Predigerin

Kerstin Baderschneider, geb. 1972, ist Pfarrerin der Evangelisch-Lutherischen Kirche in Bayern, eingesetzt in der Pfarrei Hagenbüchach-Kirchfembach. Seit vielen Jahren betreut sie am Lehrstuhl von Prof. Dr. Martin Nicol das „Lyrik-Projekt".

Zum Hintergrund der Predigt

Wie bei vielen meiner Predigten fand ich auch bei dieser Anregungen beim kollegialen Austausch, wie er unter anderem in der Facebook-Gruppe „Zentrum für evangelische Predigtkultur" stattfindet. Für den *Move* „Entrückung in himmlische Sphären" gilt mein Dank Prof. Dr. Christoph Markschies, der mich zu diesem *Move* inspiriert hat.

Manuskript der Predigt

Titel (→ Mittel)	(Titel ←) Mittel
Im Stall	Aktualisierende Nacherzählung

Im Stall ist es dunkel. Nur ein paar Laternen geben funzeliges Licht. Es riecht nach Heu, nach Tieren und nach langer Reise. Ein Mann und eine Frau sind da. Und ein Kind. Gerade erst geboren. Mitten in der Nacht. Schaut nur, wie winzig es ist! Die Finger. Die Zehen. Eine Futterkrippe ist das Kinderbett. Und Schafshirten sind die ersten Besucher. *Sie kamen eilend und fanden beide, Maria und Josef, dazu das Kind in der Krippe liegen.* (Lk 2,16)

So haben wir es gehört, gestern am Heiligen Abend. Und wir haben uns mit den Hirten auf den Weg gemacht, um das Kind anzusehen. Wir haben gefeiert. Wir haben Lieder gesungen und Geschenke gemacht. Gestern sind wir müde ins Bett gefallen. Und heute Morgen? Da machen wir uns auf den Weg, um das Ganze noch einmal bei Licht zu betrachten.

Titel (→ Mittel)	(Titel ←) Mittel
Entrückung in himmlische Sphären	Lesung, Kontrast

Wir sind im Stall und sehen das Kind und plötzlich … ist der Himmel voller Worte. Sie ziehen uns hinauf in die Höhe. Immer höher und höher. Hinauf zu Gott selbst.

Hört Worte aus dem Hebräerbrief:
Nachdem Gott vorzeiten vielfach und auf vielerlei Weise geredet hat zu den Vätern durch die Propheten, hat er in diesen letzten Tagen zu uns geredet durch den Sohn, den er eingesetzt hat zum Erben über alles, durch den er auch die Welt gemacht hat. Er ist der Abglanz seiner Herrlichkeit und das Ebenbild seines Wesens und trägt alle Dinge mit seinem kräftigen Wort und hat vollbracht die Reinigung von den Sünden und hat sich gesetzt zur Rechten der Majestät in der Höhe und ist so viel höher geworden als die Engel, wie der Name, den er ererbt hat, höher ist als ihr Name.

Eben noch im Stall und plötzlich sind wir im Himmel. Wir stehen im himmlischen Thronsaal und schauen uns um. Bethlehem. Und der Stall. Und Maria und Josef und die Hirten sind jetzt ganz da unten. Da unten auch: die Mächtigen der Zeit. Der Kaiser Augustus, der Landpfleger Quirinius. Und hier oben: Glanz. Und göttlicher Thron. Und: das Kind. Abglanz von Gottes Herrlichkeit und das Ebenbild seines Wesens.

Titel (→ Mittel)	(Titel ←) Mittel
Wenn das Wort Fleisch wird…	Bibelwort & Kanzelsprache, Direkte Anrede

Der Hebräerbrief erzählt uns heute die Weihnachtsgeschichte noch einmal ganz von vorn. Nachdem Gott vorzeiten vielfach und auf vielerlei Weise geredet hat….

Ganz am Anfang, als noch gar nichts war, da hat Gott geredet. Er sprach: *Es werde!* (Lk 2,16) Und es wurden: Licht und Finsternis, Himmel und Erde. Berge und Täler, sprudelnde Quellen und das weite Meer. Pflanzen wuchsen, Tiere spielten mit dem Wind und den Wellen und bevölkerten das Land.

Und dann hat er uns ins Leben geliebt. Hat uns beim Namen gerufen. *Du bist mein* (Jes 43,1), hat er zu dir gesagt. Nachdem Gott *vorzeiten vielfach und auf vielerlei Weise geredet hat*, denkst du trotzdem manchmal: Er ist stumm. Er müsste doch ein Machtwort sprechen. Schau dich doch um in der Welt. Oder: Er schweigt. Bin ich ihm denn egal? Ich höre und spüre nichts von ihm. Gibt es ihn überhaupt?

Nachdem Gott vorzeiten *vielfach und auf vielerlei Weise geredet* hat, da hat er eines Tages etwas ganz Verrücktes getan. Er hat sein Wort in eine Futterkrippe in einen Stall gelegt. *Wort* wird *Fleisch*, kriegt Hand und Fuß und ein Gesicht. Jesus, das Kind in der Krippe. Gottes Liebesbotschaft an die Welt. In ihm wohnt Gott unter den Menschen und Gott redet durch ihn. Schau ihn an. Jetzt braucht keiner mehr Angst zu haben, dass Gott stumm sei und fern und gleichgültig. Irgendwo da oben. Jetzt ist er da. Zum Greifen nah.

Nachdem Gott *vorzeiten vielfach und auf vielerlei Weise geredet hat …*
wird das Wort jetzt Fleisch. Kriegt Hand und Fuß und ein Gesicht. Schau hin. Hör hin. Er ist ganz der Vater. Das Ebenbild von Gottes Wesen. Wo er redet, hörst du Gott. Er sagt Worte wie Balsam: *Selig sind die Frieden stiften, denn sie werden Gottes Kinder heißen.* (Mt 5,9) Und er sagt Worte schneidend wie ein Schwert: *Was ihr ihnen nicht getan habt, das habt ihr mir auch nicht getan.* (Mt 25,45) Und als alle schon dachten, jetzt ist es aus, da sagt er: *Es ist vollbracht.* (Joh 19,30) Er nimmt ein Senfkorn und sagt: *Schaut mal, selbst wenn euer Glaube so winzig klein ist wie dieses Senfkorn, er bringt trotzdem Frucht.* (Mk 4,30–32) Und die, die sich verstrickt haben in Gedanken und Sackgassen, die ruft er zur Umkehr. Du kannst es anders machen, traut er ihnen zu. Er nimmt die Lebenslast von den Schultern. Trocknet Tränen. Richtet Gebeugte auf. Und denen, die das schlechte Gewissen drückt und die es nicht loswerden, denen sagt er: *Dir sind deine Sünden vergeben. Geh hin und sündige hinfort nicht mehr.* (Joh 8,11) Er sagt Worte. Und wo er redet, hörst du Gott. Welches seiner Worte brauchst du?

Titel (→ Mittel)	(Titel ←) Mittel
Oben und Unten: Himmel in der Krippe	Lyrische Sprache, Anapher

Nachdem Gott vorzeiten vielfach und auf vielerlei Weise geredet hat…
Wir stehen heute im himmlischen Thronsaal und schauen hinunter.
Hinunter auf den Stall in Bethlehem. Auf Maria und Josef und die Hirten und die Mächtigen der Zeit.
Hinunter auf unsere Welt mit den Kriegen, und dem Leid. Auf die zerstörte Natur.
Hinunter auf die Herausforderungen und die Fragen, die uns über den Kopf wachsen, und die Skepsis, wie das werden soll in Zukunft in unserem Land.
Hinunter in unsere Weihnachtszimmer mit den Geschenken und dem Christbaum und dem, was da unausgesprochen in der Luft liegt.

Hinunter auf unser Glück und auf unsere Träume. Und hören: Gott spricht sein Wort da hinein.

An Weihnachten, da geht es nicht einfach nur um ein süßes, kleines Kind, geboren in dem kleinen Nest Bethlehem vor 2000 Jahren. Sondern: An Weihnachten hat Gott sein Machtwort gesprochen. Hat es hineingesprochen in die Chaoswelt und in die Kälte, in die Armut, in die Sehnsucht und in die Zerrissenheit des Lebens.
Es ist in der Welt, das fleischgewordene Wort Gottes. Ein für alle Mal.
Es lässt sich nicht wieder hinausdrängen. Lässt sich nicht hinausprügeln und nicht hinauskreuzigen. Lässt sich nicht vereinnahmen für zweifelhafte Zwecke.
Es ist da und wirkt.
Es trägt uns und alle Dinge.
Es ist auf Erden – und im Himmel.
Es ist gestern und heute und morgen wie in Ewigkeit.
Es ist mitten unter uns – und höher als die Engel sind.
Es ist eigentlich unfassbar – und doch anschaubar im kleinen Krippenkind.

Titel (→ Mittel)	(Titel ←) Mittel
Zurück im Stall	Aktualisierende Nacherzählung

Im Stall ist es dunkel. Es riecht nach Heu, nach Tieren und nach langer Reise. Ein Mann und eine Frau sind da. Und ein Kind. Gerade erst geboren. Schaut nur, wie winzig es ist! Die Finger. Die Zehen. Eine Futterkrippe ist das Kinderbett.
Und als sie das Kind sahen, da bekamen sie weiche Knie. Denn sie sahen nicht nur ein Kind, sondern sie sahen Gott ins Herz. Gott in ihm und Gott … für mich.

Und als sie es gesehen hatten, breiteten sie das Wort aus, das zu ihnen von diesem Kind gesagt war. (Vgl. Lk 2,20).

Zur Arbeit mit der Dramaturgischen Homiletik

Von der Dramaturgischen Homiletik hörte ich zum ersten Mal kurz vor meinem ersten theologischen Examen. Eine Freundin, die das homiletische Hauptseminar bei Professor Nicol besuchte, erzählte von bunten Schaumstoffteilen, von ästhetischem Paradigma, von *Moves* & *Structure* – und ich war fasziniert. Als das kleine Büchlein „Einander ins Bild setzen"[1] erschien, kaufte ich es mir sofort. Ich entdeckte eine für mich neue Herangehensweise ans Predigtschreiben: Inter-

1 Die Programmschrift erschien erstmalig im Jahr 2002. Vgl. Nicol, Martin, Einander ins Bild setzen. Dramaturgische Homiletik, Göttingen ^{2}2005.

textuelles Spiel, Lust an Sprache und kreativer Gestaltung, andere nicht „belehren“ oder „informieren“ wollen, sondern „ins Bild setzen“. Später eröffneten mir meine langjährige Mitarbeit am Lehrstuhl von Martin Nicol im Rahmen des Lyrik-Projekts und die Teilnahme an Oberseminaren neue Aspekte der Dramaturgischen Homiletik und gaben mir Anstoß, meine eigene Predigtarbeit immer wieder zu reflektieren.

Mittlerweile begebe ich mich fast jede Woche in die *Predigtwerkstatt.* Ich lese den Bibeltext, theologische Kommentare, Lyrik, Zeitung, Predigthilfen. Ich *lese* die Geschichten der Menschen meiner Gemeinde, lese Zeichen der Zeit und Gottesspuren in meinem Leben. In meiner Werkstatt probiere ich aus. Schreibe und verwerfe, tippe und spreche, verwebe Worte mit Worten, schneide Sätze und Bilder hart gegeneinander. Ich tausche mich mit Kolleginnen und Kollegen aus, wir lesen Werkstücke voneinander, geben uns Anregungen und Feedback. Glücksmomente, wenn ich schreibend hineingezogen werde in den biblischen Text. Dann treffe ich Maria und Josef, Jesus, Abraham und Paulus. Bin am See Genezareth, in Jerusalem oder in der Wüste. Worte höre ich, die in mein Leben sprechen. Kein garstiger Graben mehr zwischen damals und heute, nichts, was erklärend überbrückt werden müsste. Es *ereignet sich.* Jetzt.

Die Mitarbeit am „Lyrik-Projekt“[2] ließ mich die Liebe zu moderner Lyrik entdecken. Die Autoren, deren Gedichte wir nach biblischen Spuren untersuchen, machen es mir vor, wie das geht, „RedenIn“ statt „RedenÜber“.[3] Nicht über Wunder räsonieren, sondern ein Wunder geschehen lassen, nicht den Trost erklären, sondern trösten. Nicht Glück definieren, sondern beschreiben, so wie Peter Härtling es tut: „Nichts mehr, was dich treibt, nichts mehr, was dich hält. Auf den Hügel hinauf und so lange nach Innen singen, bis die Stimme dich aufhebt und mitnimmt.“[4]

Dramaturgische Homiletik macht mir Lust auf *Predigtmachen*, auch wenn in manchen Arbeitswochen wenig Raum bleibt für ausgiebiges kreatives Arbeiten. Sie motiviert mich jedoch immer wieder neu, mich mit Lust der Predigtaufgabe zu stellen. Was in der Realität unser Erleben übersteigt – mit der Sprache können wir Unerhörtes hörbar machen und gerade dadurch Gottes Geheimnis wahren. Ich will mich dieser Herausforderung immer wieder stellen.

---

2 Siehe www.lyrik-projekt.de

3 Vgl. Nicol, Martin / Deeg, Alexander, Im Wechselschritt zur Kanzel. Praxisbuch dramaturgische Homiletik, Göttingen [2]2013, 17f.

4 Härtling, Peter, Horizonttheater. Neue Gedichte, Köln 1997, 44.

Romina Rieder

Mit Christus unterwegs zum Gipfel

Predigt am Altjahresabend zu Johannes 14,1–6

Zur Predigerin

Romina Rieder, geb. 1983, hat an der Friedrich-Alexander-Universität Erlangen Theologie und Christliche Publizistik studiert. Seit 2009 arbeitet sie in verschiedenen Funktionen am Lehrstuhl für Praktische Theologie von Prof. Martin Nicol mit – zuletzt als Referentin für die pastorale Fortbildung im Bereich der Dramaturgischen Homiletik. Seit 2015 ist sie als Gemeindepfarrerin der Evangelisch-Lutherischen Kirche in Bayern im Dekanat Coburg tätig.

Zum Hintergrund der Predigt

Der Gottesdienst zum Altjahresabend stellt einen Kasus der speziellen Art dar. Die Gemeinde versammelt sich anlässlich des Jahreswechsels, um den Übergang aus dem Bekannten in das Unbekannte gemeinsam zu begehen.[1] So handelt es sich bei diesem letzten Abend im Jahr um „ein Datum individueller und kultureller Sinnstiftung"[2].

In dieser besonderen Situation erklingt das Predigtwort aus dem Johannesevangelium, das seinen Höhepunkt im „Ich bin Wort" (Joh 14,6) findet. An diesem Vers haben sich bereits viele kontroverse theologische Diskussionen über den Absolutheitsanspruch des Christentums entzündet.[3] Die daraus resultierenden Fragestellungen werden in dieser Predigt aufgenommen und für das Spanungsfeld „Gott & Mächte" fruchtbar gemacht.[4]

1 Weil, Jula Elene, Und, mit wem bist Du im Bunde?, in: GPM 71/1 (2016), 65f.

2 Fechtner, Christian, Schwellenzeiten. Erkundungen zur kulturellen und gottesdienstlichen Praxis des Jahreswechsels, Gütersloh 2001, 19.

3 Härle, Wilfried, Dogmatik, Berlin [3]2007, 97–110.

4 Nicol, Martin, Einander ins Bild setzen. Dramaturgische Homiletik, Göttingen [2]2005, 94–99.

Obwohl das Motiv des Weges zwar ein in Andachten, Predigten und Bibelarbeiten fast schon überstrapaziertes Bild ist, bestimmt es dennoch klar die hier vorliegende Perikope. Deshalb bietet es sich an, es trotz aller Vorbehalte als Leitwort zu nutzen. In der Symbolkraft des vertrauten Wegmotives treffen die Worte der Bibel auf die Fragen der Hörerinnen und Hörer am Vorabend des neuen Jahres.[5]

Die vorliegende Predigt will die Hörerinnen und Hörer ermutigen, für ihren ungewissen Weg im neuen Jahr an Jesus Christus festzuhalten, der uns durch sein Leben, Sterben und Auferstehen selbst den Weg weist. Die Predigt wurde am Altjahresabend 2016 in der Kirchengemeinde Haarbrücken-Ketschenbach-Thann gehalten.

Manuskript der Predigt

Titel (→ Mittel)	(Titel ←) Mittel
Bergtour auf den Pico de Ruivo	Erlebnisbericht I

Liebe Gemeinde!
Zwischen den Jahren. Das ist schon eine ganz besondere Zeit. Heute am Altjahresabend befinden wir uns mitten drin zwischen den Jahren. Wir nutzen diese Zeit, halten inne und schauen auf das vergangene Jahr zurück, wie wir es ja bereits gemeinsam in diesem Gottesdienst[6] getan haben. Und wir stehen heute auch am Vorabend des Beginns eines neuen Jahres ohne genau sehen zu können, was da noch so auf uns zukommt.

Mich lässt diese Situation an eine Begebenheit aus meinem Sommerurlaub denken. Wir haben eine kleine Bergwanderung unternommen – auf den höchsten Berg Madeiras, den Pico de Ruivo. Bei bestem Wetter sind wir gestartet. Klarer Himmel. Keine Wolke zu sehen. Weit konnten wir dem Verlauf des Weges im Voraus mit Blicken folgen. Wie er sich die Höhen hinaufschlängelte. Kurve um Kurve. Dann führte der Weg wieder hinunter. Durch tiefe Täler hindurch.

Nachdem wir ein gutes Stück hinter uns gebracht hatten, haben wir bei einem Aussichtspunkt Halt gemacht. Von dort schauten wir zurück. Ich weiß noch genau, wie dankbar und auch irgendwie stolz ich über den Weg war, den ich schon so erfolgreich bestritten hatte. Doch dann ab einer gewissen Höhe wurde es immer nebliger und plötzlich standen wir mitten drin in diesem schier undurchdringbaren Weiß. Unheimlich war das. Kaum die eigene Hand konnte ich

5 Doll, Christoph, Auf den Weg Christi treten, in: GPM 71/1 (2016), 72–78.
6 Der Predigt ging ein meditativer Jahresrückblick voraus.

vor Augen sehen. Suchend und etwas ängstlich blickte ich umher: Nun konnte ich lediglich mehr schlecht als recht den Weg erahnen, der direkt unter meinen Füßen lag. Aber schlicht unmöglich war es, irgendwie zu erkennen, wie der Weg weiter vorne weitergeht. Wann mich der nächste Anstieg erwartet. Oder das nächste Tal.

Altjahresabend. Ich finde diese besondere Situation heute hat vieles von einer solchen Bergtour. Wir machen Halt, schauen zurück auf die Wege, die wir im vergangenen Jahr zurückgelegt haben – auf die Höhen und Tiefen. Vielleicht auch dankbar und stolz über das, was geschafft wurde.

Aber irgendwie stehe ich auch mitten drin im Nebel: Was wird das neue Jahr wohl bringen? Welche Anstiege muss ich bezwingen, welche Talfahrten überstehen? Wie wird mein Weg im neuen Jahr aussehen?

Titel (→ Mittel)	(Titel ←) Mittel
Jesus, der Weg durchs Leben	Lesung mit Hinführung

Die Jünger von Jesus sind in unserem heutigen Predigtwort, das im Johannesevangelium steht, auch in einer *Zwischen-den-Zeiten*-Situation. Es ist klar: Die Zeit, in der Jesus mit ihnen gemeinsam in dieser Welt seine Wege zieht, ist so gut wie vorüber. Vieles ist gelungen und die Jünger sind dankbar und stolz auf das, was sie gemeinsam mit Jesus geschafft haben: Die Menschen haben von Gott gehört. Kranke wurden geheilt. Manche Schieflage in der Gesellschaft wurde durchbrochen.

Doch irgendwie stehen sie im Nebel: „Eine neue Zeit wird anbrechen", hat Jesus zu ihnen gesagt. „Ich werde dann nicht mehr so bei Euch sein, wie bisher." Mitten drin im schier undurchdringlichem Weiß blicken sie sich suchend um und fragen: Was wird diese neue Zeit bringen? Und wie sieht unser weiterer Weg wohl aus?

Hören wir, was Jesus Christus in diese *Zwischen-den-Zeiten*-Gemengelage hinein zu ihnen und zu uns heute Abend spricht:

Euer Herz erschrecke nicht! Glaubt an Gott und glaubt an mich!

In meines Vaters Hause sind viele Wohnungen. Wenn's nicht so wäre, hätte ich dann zu euch gesagt: Ich gehe hin, euch die Stätte zu bereiten? Und wenn ich hingehe, euch die Stätte zu bereiten, will ich wiederkommen und euch zu mir nehmen, auf dass auch ihr seid, wo ich bin. Und wo ich hingehe, dahin wisst ihr den Weg.

Spricht zu ihm Thomas: Herr, wir wissen nicht, wo du hingehst; wie können wir den Weg wissen?

Jesus spricht zu ihm: Ich bin der Weg und die Wahrheit und das Leben; niemand kommt zum Vater denn durch mich.

Titel (→ Mittel)	(Titel ←) Mittel
Wie können wir den Weg wissen?	Bibelwort & Kanzelsprache

Wie können wir den Weg wissen? – Thomas spricht mir mit dieser Frage aus dem Herzen.

Wie können wir den Weg wissen? – so ging es mir im vergangenen Jahr oft durch den Kopf. In den Medien konnte man es in diesen Tagen im Zusammenhang mit Jahresrückblicken immer wieder lesen. Es war ein Jahr, das einen kaum durchatmen hat lassen…

Wie können wir den Weg wissen?
Die Anhänger der AfD rufen bei Demos: „Wir sind das Volk", und machen damit deutlich: „Wir kennen den einzig wahren Weg für Deutschland und wer das nicht begreift, liegt falsch."

Wie können wir den Weg wissen?
Islamistische Fundamentalisten verkünden kämpferisch: „Allahu akbar!" und machen damit klar: „Wir kennen den einzig wahren Weg und wer dem entgegensteht, muss weg."

Wie können wir den Weg wissen?
Radikale Gegner der Flüchtlingspolitik fordern aller Erfahrungen aus der Geschichte zum Trotz lautstark: „Deutschland für die Deutschen", und betonen so energisch: „Wir kennen den einzig wahren Weg raus aus der Flüchtlingskrise und alle, die unseren Überzeugungen widersprechen, sind auf dem Holzweg."

Titel (→ Mittel)	(Titel ←) Mittel
Rechts abbiegen in die Straße des Lebens	Wegbeschreibung

Liebe Gemeinde,
dieses ganze Stimmengewirr unserer Zeit lässt mich etwas ratlos zurück. Doch Christus gibt mir in unserem Predigtwort eine Orientierungshilfe, wenn er klar und deutlich sagt: *Ich bin der Weg und die Wahrheit und das Leben; niemand kommt zum Vater denn durch mich.*

Das klingt in meinen Ohren wie eine Art Wegbeschreibung: Um gut durch das neue Jahr zukommen, folge dem Weg, den ich Dir zeige. Schritt für Schritt. Immer weiter. Auch wenn der Weg an manchen Stellen noch im Nebel liegt, setze einfach einen Fuß vor den anderen.

Der Weg wird Dich hinauf auf manch schöne Höhe führen. Dankbar wirst Du da die Aussicht genießen auf Urlaube, Feste, segensreiche Begegnungen. Aber er wird Dich auch wieder hinab in manch tiefes Tal führen. Bleib dort nicht stehen. Geh immer weiter. Mir nach. Schritt für Schritt.

Denn Du wirst bald an ein Wegkreuz kommen. Viele Wege treffen sich hier. Große Straßen, geteerte Wege, aber auch kleinere Trampelpfade. Gib gut Acht, dass Du hier nicht falsch abbiegst! Der linke breite Weg führt nach Lüge. Die geteerte Straße geradeaus geht in Richtung Betrug. Vielleicht scheinen diese Wege zunächst die Einfacheren zu sein. Aber lass dich nicht täuschen! Biege rechts ab auf den steinigen Pfad der Wahrheit. Nach einer Weile geht dieser dann über in die Straße des Lebens. Habe Vertrauen und folge dieser Straße immer weiter. Sie führt Dich nach Liebe und Menschenfreundlichkeit. Lass Dich nicht von Angst und Unsicherheit vom rechten Weg abbringen, sondern bleib weiter auf der Straße des Lebens – bis Du Dein Ziel erreicht hast – in Ewigkeit im Haus meines Vaters.

Denn: *Ich bin der Weg und die Wahrheit und das Leben; niemand kommt zum Vater denn durch mich.*

Titel (→ Mittel)	(Titel ←) Mittel
Über den Wolken	Erlebnisbericht II

Und dann, so stelle ich es mir zumindest vor, wenn ich treu der Wegbeschreibung Christi folge, wird es mir eines Tages wieder so gehen, wie auf meiner Bergtour.

Denn als wir dann endlich nach vielem auf und ab die Nebelwand durchbrochen hatten, konnte ich es sehen. Unser Ziel! Oben am Gipfel angekommen, ließ ich mich etwas außer Atem, aber überglücklich auf einen Stein fallen. Ich konnte es kaum glauben: Ich war wirklich über den Wolken. Einfach einmalig! Staunend nahm ich alles in mich auf. Das schier undurchdringbare Weiß lag friedlich unter mir. Jetzt sah es weich wie Watte aus und gar nicht mehr angsteinflößend. Die vielen Täler, durch die ich mich immer wieder nach oben kämpfen musste, waren darunter gar nicht mehr zu erkennen. Überhaupt: Die ganze Welt mit allem was dazu gehört war einfach winzig klein und schien so unbedeutend. Aber der Himmel über mir – strahlend blau, unendlich weit und wunderschön. Er war zum Greifen nah. Amen.

Zur Arbeit mit der Dramaturgischen Homiletik

Wie ich als *ernsthafte* Studentin im Hauptseminar Homiletik zu Beginn gleich in einer Fotografie eines Pariser Straßencafés spazieren gehen sollte und gefragt wurde: „Was sehen, hören, riechen und schmecken Sie?", da war ich mehr als skeptisch, ob das mit der Dramaturgischen Homiletik wohl etwas Vernünftiges ist. Aber je mehr ich mich mit diesem Ansatz beschäftigte desto mehr lernte ich ihn lieben: Predigen und Predigtmachen als ganzheitlicher Prozess zwischen Homiletik & Hermeneutik, Tradition & Innovation, Gott & Mensch, Titel & Mittel, Bibelwort & Kanzelsprache... Diese vielseitigen Wechselschritte auf so unterschiedlichen Ebenen faszinieren mich nach wie vor. Da ist immer etwas in Bewegung – wie im *echten* Leben.

Außerdem ist mir durch die Arbeit an der eigenen Sprache auf Blockseminaren wie „Werkstatt Sprache", die ich gerne auch noch nach dem Homiletischen Seminar besucht habe, bewusst geworden, dass es nicht nur darauf ankommt, was ich in einer Predigt sage, sondern vor allem wie ich es sage. Eine gute Predigt sollte versuchen „nicht über das Trösten zu reden, sondern zu trösten."[7] Dieser Gedanke bewegt mich heute noch, wenn ich nach einem geeigneten sprachlichen Mittel für einen bestimmten Inhalt suche. Für mich gehört eine sorgfältig gestaltete Sprache mittlerweile zu einem der wichtigsten Handwerkszeuge, die ich der Dramaturgischen Homiletik verdanke. Denn durch sie können reichhaltige Zwischentöne transportiert werden, was die großen theologischen Begriffe allein, seien sie auch noch so wahr, nicht leisten können.

Darüber hinaus hat die Dramaturgische Homiletik mein Verständnis biblischer Texte an sich grundlegend verändert. In den Worten, Bildern und Geschichten der Bibel steckt ein einmaliger Schatz an Gedanken für das ganze Leben. In ihnen wird die Gotteswirklichkeit in Analogie und Differenz mitten in unserer Lebenswirklichkeit sichtbar. Diese neue, genaue und gründliche „Les-Art", die mir Martin Nicol während unserer Zusammenarbeit mit viel Leidenschaft und Hingabe nähergebracht hat, hat meinen Umgang mit dem Wort Gottes in jeder Hinsicht bereichert. Das hat nicht nur Auswirkungen auf Gottesdienst und Predigt, sondern auch auf die Art und Weise, wie ich Gemeindeaktionen, Fortbildungen oder den Schulunterricht gestalte, und nicht zuletzt auch darauf, wie ich meine eigene Spiritualität lebe. Bei allem ist es mir ein Herzensanliegen, die Worte der Bibel groß zu machen. Das ist immer wieder eine Herausforderung, aber gleichzeitig auch die reine Freude!

7 Nicol, Bild, 55.

Olaf Trenn

Auf die Plätze, fertig, los

Predigt an Septuagesimae zu 1. Korinther 9,24–27

Zum Prediger

Olaf Trenn, geb. 1963, studierte Theologie in Berlin und Erlangen, arbeitete dann als Referent für Konfirmandenarbeit und Pfarrer in der Berufsschularbeit seiner Landeskirche. Nach zehn Jahren Gemeindepfarramt in Berlin-Wilmersdorf ist er seit Oktober 2008 in der Vikariatsausbildung der Evangelischen Kirche in Berlin-Brandenburg-schlesische Oberlausitz (EKBO).

Zum Hintergrund der Predigt

Diese Predigt wurde im Rahmen eines Gemeindegottesdienstes am Sonntag Septuagesimae gehalten.

Manuskript der Predigt

Titel (→ Mittel)	(Titel ←) Mittel
Wettläufer gesucht	Fiktive Anzeige der Deutschen Sporthilfe

Wettläufer gesucht.
Die Deutsche Sporthilfe sucht schnellstmöglich eine Läuferin oder einen Läufer über 3000 m Hindernis. Ihre Aufgaben: Acht bis zehn Trainingseinheiten mit 160 Gesamtkilometern pro Woche machen Ihnen genauso wenig aus wie regelmäßige Belastungstests an der Schmerzgrenze. Zwanzig Stunden Kraft- und Flexibilitätstraining inklusive Taktik- und Technikschulungen pro Woche erweitern Sie gerne freiwillig um regelmäßige Tempodauerläufe an der anaeroben Schwelle. Nach zweijähriger Einarbeitungszeit werden Sie Europameisterin.

Ihr Profil: Gesucht werden Menschen, die über eine Top-Kondition und unbedingten Siegeswillen verfügen. Idealerweise haben Sie keine Probleme mit einer strengen Diät. Sie sollten bereits jetzt gut laufen und hoch springen können.

Ihr Lohn: Sie können sich auch bei einer 60-Stunden-Woche mit einem verfügbaren Einkommen von ca. 600 Euro im Monat ausreichend motivieren, da Sie Ihre Aufgabe als Berufung ansehen.

Titel (→ Mittel)	(Titel ←) Mittel
No sports	Dialog

„Komm mit ins Stadion, Paulus. Heute sind Spiele. Wettläufe und Boxkämpfe stehen auf dem Programm. Das wird ein Heiden-Spaß!"

Paulus will nicht. Er sitzt am Schreibtisch in seiner Studierstube und brütet über Korrespondenzen: „Lass mich. Ich habe zu tun. Mit mir selbst. Mit dem, was ich bin. Als Mensch. Als Christ. Als Apostel. Ich suche nach Antworten und finde keine. Und finde ich keine, wie dann erst die, denen ich das Evangelium predige! Siehst du, es macht frei, das Evangelium. Aber indem es mich frei macht, kann ich von nichts anderem mehr reden. So ist das: Du wirst geliebt und liebst wieder. Alles ist dann möglich. Grenzenlose Freiheit tut sich auf. Angekommen bist du im Land der Verheißungen und Seligkeiten. Aber von nun an redest du nur noch von der Liebe. Und – hast du nicht gesehen – bist du ein Sklave, ein Knecht der Liebe. Und wie von selbst – du kriegst kein Geld dafür – willst du jeden anstecken mit deiner Liebe…"

Paulus spricht etwas leiser weiter: „Will *ich* jeden anstecken mit meiner Liebe zum Evangelium. Ich versuche es in allen mir bekannten Sprachen, fühle mich ein in Mentalitäten und Kulturen, Religionen und Weltanschauungen. Wie verletzlich das macht. Und wie abhängig. Das, was ich als Schlüssel zum heilvollen Leben gefunden habe, es muss sich doch übersetzen lassen in die Wahrnehmung anderer, die es noch nicht erlebt, nicht erfahren, nicht ergriffen und verstanden haben. Also lass mich in Ruhe. Ich kann jetzt nicht. Komm morgen wieder."

Doch so leicht lasse ich mich nicht abschütteln: „Ach, Paulus, lass das Grübeln. Komm mit ins Stadion. Heute sind die Spiele. Nicht morgen. Und die werden bestimmt gut. Wettläufe und Boxkämpfe stehen auf dem Programm. Da kommst du auf andere Gedanken."

Titel (→ Mittel)	(Titel ←) Mittel
Übers Ziel hinaus	Erlebnisbericht

Ich muss ein sehr kleiner Junge gewesen sein, noch kein Schulkind, da hatte ich meinen ersten Wettkampf, da lief ich bei den älteren Jungen mit, und mein Vater stand am Rande der Fünfzigmeterbahn im Stadion neben anderen Vätern und Müttern und Geschwisterkindern.

„Dann kam der Startschuss", erzählte mein Vater später gerne immer wieder einmal. „Und du, du liefst den anderen hinterher, so an die zwanzig Meter vielleicht. Doch dann bliebst du stehen, mitten auf deiner Bahn, einfach so. Du dachtest wohl, zwanzig Meter sind genug. Keine Spur von Unzufriedenheit oder Enttäuschung, ganz im Gegenteil: Du hast zu mir herüber gewunken. Du warst einverstanden mit deiner Leistung, hattest wohl beschlossen, selbst zu bestimmen, wann dein Lauf beendet ist. Da habe ich dir zugerufen: ‚Lauf, Junge, lauf! Du bist noch nicht am Ziel!' Auch die anderen Mütter und Väter feuerten dich nun an. Natürlich waren die anderen längst im Ziel. Und du?", mein Vater strahlte stets an dieser Stelle, „Du bist tatsächlich noch einmal losgelaufen. Und wie du gelaufen bist! Du hast gar nicht mehr aufgehört zu laufen. Weit über die Ziellinie hinaus und an den anderen Jungs vorbei bist du gerannt, ja sogar weiter noch, die Kurve des Stadions entlang. Es hätte nicht viel gefehlt, und du wärst auf der gegenüberliegenden Seite weitergelaufen – einmal rund herum."

Auf die Stimme meines Vaters hörend, bin ich so weit gelaufen, wie meine Beine mich trugen. Ich war der Letzte, habe den anderen von ganz weit hinten zugeschaut, habe ihr Gelächter gehört und am Ende dann doch noch alle überholt, weil mein Vater mich rief.

Titel (→ Mittel)	(Titel ←) Mittel
Wie du deinen Lebenslauf läufst	Direkte Anrede, Schilderung

Das Leben ist kein Spaziergang. Nicht die Zeit eilt. Du eilst durch die Zeit. Das Ziel gerät aus dem Blick. Du läufst. Der Boden ist nicht plan. Du läufst. Hindernisse versperren dir den Weg. Du läufst. Am Anfang hast du viel Energie und läufst schnell, manchmal zu schnell. Die Beine sind kurz, und noch mangelt es dir an Kondition. In der Mitte des Lebens hast du deinen Rhythmus gefunden und leistest dir vielleicht sogar ein paar Extrarunden. Du weißt ja: Mit einem Sprint holst du die anderen locker ein. Du verliebst dich in den Lauf der Dinge und genießt dein Vorankommen. Erst viel später scheint das Ziel am Horizont auf. Du wirst ruhiger, läufst langsamer und bedachter, spürst deine Knochen und Gelenke, wirst kurzatmiger, legst Pausen ein, freiwillige und erzwungene. Und du kannst doch nicht aufhören zu laufen.

Titel (→ Mittel)	(Titel ←) Mittel
Nicht mit mir	Erzählung I

Widerwillig hat Paulus neben mir auf der Tribüne Platz genommen. Er ist nur unter lautem Protest mitgekommen. Und der feierliche Aufmarsch der Wettkämpfer lässt ihn kalt. Das antike Stadion ist nun gut gefüllt. Die Isthmischen Spiele können beginnen. Ehre oder Schande erwarten nicht nur die Wettkämpfer.

Auch ihre Familien, ja deren gesamte Stadtgemeinschaft erwarten nun Ruhm – oder öffentliche Demütigung. Bei den Kronenspielen erhält nur der Sieger den Kranz, darf nur der Sieger sich den Göttern nahe fühlen, wird nur der Sieger den Göttern gleich geachtet. Und diese Spiele tragen von nun an und für alle Zeiten seinen Namen. ‚Dabei sein ist alles' gilt hier nicht! Das ist zu wenig. Viel zu wenig. Wer hier antritt zur „Stadie", der Königsdisziplin aller Wettläufe, der betet um Sieg und Leben – oder um den Tod.

Paulus lässt seinen Blick über die Tribünen schweifen. „Schau dich um", schimpft er los. „Da sitzen wir neben all den anderen Zuschauern auf unseren schattigen Plätzen und schauen herunter auf die, die hart trainiert, die Entbehrungen und Strapazen auf sich genommen haben. Es sind nicht wir, die da laufen. Andere laufen für uns. Wir leihen uns fremde Leistung aus, um uns zu amüsieren. Wir leiden und jubeln mit unseren Favoriten. Oder wir buhen die Verlierer aus. Die da unten kämpfen, und wir hier oben essen Bockwurst und trinken Bier aus Pappbechern. Nein, hier gehöre ich nicht hin. Das bin ich nicht!"

Titel (→ Mittel)	(Titel ←) Mittel
Auf zur Rennbahn	Reportage mit O-Tönen, Erzählung II

Im Stadion ist es still geworden. Die Läufer stehen in den Startblöcken. In Gedanken sind nun auch die Zuschauer mit in der Arena. Es herrscht höchste Konzentration. Jede Muskelfaser ist gespannt. Die Augen fixieren das unsichtbare Ziel. Und jeder denkt: „Ich will es als erster erreichen. Ich will siegen. Unbedingt! Ich werde es als erster erreichen. Ich werde siegen. Unbedingt!" Jetzt das Signal. Und sie rennen los, während es die Zuschauer von ihren Sitzen reißt. Die Läufer finden ihren Rhythmus, schreiten kraftvoll aus, geben alles, geben den Rest, gehen weit über ihre Grenzen, und das Stadion tobt.

Da packt Paulus meine Schulter und schüttelt sie. „Das bin ich", ruft er mir zu. „Da gehöre ich hin! Das sind wir. Da gehören wir hin." Und er zeigt auf die Läufer. Und wieder schüttelt er mich: „Lass uns laufen! Lass uns Fahrt aufnehmen, ins Schwitzen kommen, alles geben und mehr. Weißt du, wir rennen ja sowieso durchs Leben, und es gibt ein Ziel, das sich lohnt." Dann, für einen kurzen Moment, wird seine Stimme sehr leise und ist kaum noch zu verstehen im Lärm des Stadions: „Weißt du, du musst das nicht tun. Gott liebt dich auch so. Ganz ohne jede Anstrengung. Aber weil du liebst, kannst du nicht anders. Du musst einfach laufen."

Noch immer hält Paulus mich fest, diesmal an beiden Schultern und schüttelt mich, während er ruft: „Was machst du mit der Liebe deines Lebens, wenn du weißt, dass sie dir entgegenläuft?" Paulus wartet meine Antwort erst gar nicht ab. sondern schreit begeistert: „Du läufst ihr entgegen! Verstehst du? Du läufst ihr entgegen!"

Titel (→ Mittel)	(Titel ←) Mittel
Auf der Kampfbahn des Glaubens	Biblische Lesung

Noch am selben Abend setzt sich Paulus an seinen Schreibtisch und schreibt:

Wisst ihr nicht, dass die, die in der Kampfbahn laufen, die laufen alle, aber einer empfängt den Siegespreis? Lauft so, dass ihr ihn erlangt. Jeder aber, der kämpft, enthält sich aller Dinge; jene nun, damit sie einen vergänglichen Kranz empfangen, wir aber einen unvergänglichen. Ich aber laufe nicht wie aufs Ungewisse; ich kämpfe mit der Faust, nicht wie einer, der in die Luft schlägt, sondern ich bezwinge meinen Leib und zähme ihn, damit ich nicht andern predige und selbst verwerflich werde.

Titel (→ Mittel)	(Titel ←) Mittel
Auf die Plätze, fertig, los!“	Appell, Zeugnis

Auf die Plätze! Gehen wir auf die Plätze. Machen wir unsern Glauben öffentlich. Seien wir am Platz. Dort wo es um alles geht. Feiern wir Gottesdienst inmitten der großen Stadt. Steigen wir hinunter von den Zuschauertribünen und stürzen uns in das pralle Leben der Kampfbahnen. Zeigen wir doch einmal den andern, was wir draufhaben. Laufen wir wie Sieger, nein, besser noch: Laufen wir als Sieger. Laufen wir, weil wir schon Sieger sind, und reißen wir die anderen von ihren Sitzen. Schauen wir den anderen nicht länger zu: beim Laufen, beim Glauben, beim Leben. Leben wir selbst. Glauben wir selbst. Laufen wir selbst. Nehmen wir unseren Lebenslauf beim Wort.

Fertig! Signalisieren wir unsere Bereitschaft. Seien wir einfach mal fertig – trotz aller Baustellen in unserem Leben. Sagen wir nicht: „Ich kann jetzt nicht. Komm morgen wieder.“ Sagen wir: „Ich bin jetzt so weit. Es kann losgehen.“

Los! Niemand kann mich aufhalten auf meinem Lebenslauf. Ich wurde geboren – und los ging es. Niemand kann mich aufhalten. Nicht einmal der Tod. Ich werde ihn durchrennen wie das Siegesband am Ende der Geraden. Warum ich laufe? Ich höre die Stimme meines Vaters, der merkt, wenn ich strauchle, nach Orientierung suche, den Sinn nicht sehe oder auf der Strecke bleibe. "Lauf, Junge, lauf! Du bist noch nicht am Ziel", ruft er mir zu, strahlt mich an, und ich laufe.

Zur Arbeit mit der Dramaturgischen Homiletik

Am besten beginne ich mit Goethes Faust, Erster Teil, in der Hexenküche und höre den Hexen beim Kochen zu: „Du musst verstehn! Aus Eins mach’ Zehn“. Die Dramaturgische Homiletik befreit mich nämlich dazu, im Entwickeln von Predigten zu beginnen, wo ich will. Alle aus der Arbeit an biblischen Worten, Geschichten und Bildern gewonnenen Gedanken können sich zu *Moves* verdichten. Also löse ich mich vom linearen Modus des Durchschreibens eines Predigtskriptes und nutze meine sprunghaften Einfälle als Kristallisationspunkte möglicher *Moves*, die laufen lernen: „Und Zwei lass gehn, und Drei mach' gleich, so bist du reich." Die besonders Kreativen gehen dabei in Überproduktion und müssen ein „Zuviel des Guten" in der *Move*-Garage ihrer Festplatte parken: „Verlier' die Vier!" In der Arbeit an der *Structure* wechseln die bewegten und bewegenden Sequenzen schon einmal ihre Plätze: „Aus Fünf und Sechs, so sagt die Hex', mach' Sieben und Acht, so ist's vollbracht." Beinahe jedenfalls. Denn nun kommt noch das, was in der Rhetorik neuerlich auch „drainpipe" genannt wird – eine Bezugnahme des letzten *Moves* auf den Beginn der Predigt: „Und Neun ist Eins". Mehr *Moves* sollten es nicht werden. Darum: „Und Zehn ist keins. Das ist das Hexen-Einmal-Eins!"

Natürlich nutze ich die Dramaturgische Homiletik in der Vikariatsausbildung. Hin und wieder werden Bettina Schwietering-Evers und ich aber auch als Referentin und Referent für Seminare im Atelier Sprache in Braunschweig und anderswo angefragt – vor allem dann, wenn die beiden *Erfinder* und ihre *Agentur* nicht alle Anfragen abarbeiten können oder ein Pfarrkonvent der EKBO exklusiv einen Kurs besuchen möchte. Aus unserer gemeinsamen Arbeit an innovativen Zugängen zum Predigen ist eine Reihe von Artikeln für die Göttinger Predigtmeditationen und das Fachbuch homiletischer Didaktik „Predigen Lehren" entstanden, das 2015 im Auftrag des Zentrums für evangelische Predigtkultur erschien. Das größte Glück für die tägliche Arbeit jedoch ist ein Schatz, den bislang vielleicht noch die wenigsten *DramHom-User* gehoben haben: Das leichtgängige, handliche Werkzeug der Dramaturgischen Homiletik ermöglicht es nämlich, mit anderen zusammen an der Predigt zu arbeiten, an ein und derselben oder an Variationen desjenigen *Move*-Materials, das in kommunikativen Wechselschritten entsteht. Und das ist (Achtung „drainpipe"!) keine Hexerei.

Barbara Hauck

Der Karfreitag des Judas

Predigt am Karfreitag zu Matthäus 26,14–27,3

Zur Predigerin

Barbara Hauck, geb. 1958, ist Pfarrerin der Evangelisch-Lutherischen Kirche in Bayern und Leiterin der Beratungsstelle „Offene Tür" - Cityseelsorge an St. Jakob in Nürnberg.

Zum Hintergrund der Predigt

Die Predigerin zog als Textgrundlage der nachfolgenden Predigt eine Auswahl an Erzählungen aus der Passionsgeschichte des Matthäus heran.

Manuskript der Predigt

Titel (→ Mittel)	(Titel ←) Mittel
Ein Platz ist noch frei	Direkte Anrede, Bildbeschreibung

Ein Platz ist noch frei - und der Tisch ist gedeckt. Wenn Sie nachher rausgehen aus der Kirche, können Sie's ja mal ausprobieren: können sich vor das Abendmahlsbild aus dem Dominikanerzyklus stellen, das hinten ganz links vom Eingang hängt, können in die Lücke treten, den Platz besetzen, den der Maler freigelassen hat am Tisch: für Sie, für mich, für sich selbst. Für jeden, der heute versucht, sich hineinzuversetzen in die Geschichte Jesu, teilzunehmen an seinem letzten Mahl mit den Jüngern, seinen Passionsweg mitzugehen.

Genau zwischen Petrus und Judas ist also an diesem Tisch noch ein Platz frei. Links von mir: Petrus, wie man ihn sich zur Dürerzeit so vorgestellt hat: ein alter Mann mit Glatze und Bart und im weißen, weiten Mantel. Auf allen Bildern dieses großartigen Gemäldezyklus ist Petrus so dargestellt. Und rechts von mir: Judas. Ich sehe seinen gelben Mantel. Ich sehe den braunen Lederbeutel mit Geld, den er in seiner linken Hand hält. Ich sehe sein Profil. Ich bin ihm so nah, dass ich ihn riechen kann, sein raues Gewand spüren, die Wärme seines Körpers, die Anspannung in seinen Bewegungen… So nah war ich ihm noch nie, denke ich. Wer will schon neben Judas sitzen.

Titel (→ Mittel)	(Titel ←) Mittel
Die Passionsgeschichte mit Judas erleben	Lesung

Hören Sie seine Geschichte, wie sie im Matthäusevangelium überliefert ist:

Da ging einer von den Zwölfen, mit dem Namen Judas Iskariot, hin zu den Hohepriestern und sprach: Was wollt ihr mir geben? Ich will ihn euch verraten. Und sie boten ihm dreißig Silberlinge. Und von da an suchte er eine Gelegenheit, dass er ihn verriete.

Und am Abend des Tages der ungesäuerten Brote setzte Jesus sich zu Tisch mit den Zwölfen. Und als sie aßen, sprach er: Wahrlich, ich sage euch: Einer unter euch wird mich verraten. Und sie wurden betrübt und fingen an, jeder einzeln, ihn zu fragen: Herr, bin ich's? Er antwortete und sprach: Der die Hand mit mir in die Schüssel taucht, der wird mich verraten. Der Menschensohn geht zwar dahin, wie von ihm geschrieben steht; doch weh dem Menschen, durch den der Menschensohn verraten wird! Es wäre für diesen Menschen besser, wenn er nie geboren wäre. Da antwortete Judas, der ihn verriet, und sprach: Bin ich's, Rabbi? Er sprach zu ihm: Du sagst es.

Dann kam Jesus mit ihnen zu einem Garten, der hieß Gethsemane. Und siehe, da kam Judas, einer von den Zwölfen, und mit ihm eine große Schar mit Schwertern, von den Hohepriestern und Ältesten des Volkes. Und alsbald trat Judas zu Jesus und sprach: Sei gegrüßt, Rabbi! und küsste ihn. Jesus aber sprach zu ihm: Mein Freund, dazu bist du gekommen? Da traten sie heran und legten Hand an Jesus und ergriffen ihn.

Am Morgen aber fassten alle Hohepriester und Ältesten des Volkes den Beschluss über Jesus, ihn zu töten, und sie banden ihn, führten ihn ab und überantworteten ihn dem Statthalter Pilatus. Als Judas, der ihn verraten hatte, sah, dass er zum Tode verurteilt war, reute es ihn, und er brachte die dreißig Silberlinge in den Tempel, ging fort und erhängte sich. Da wurde erfüllt, was gesagt ist durch den Propheten Jeremia, der da spricht: Sie haben die dreißig Silberlinge genommen, den Preis für den Verkauften.

Titel (→ Mittel)	(Titel ←) Mittel
Judas – Jünger, Verräter, Mensch?	Nachruf

Schon in den Evangelien wird die Geschichte des Judas erzählt als eine Geschichte der Ausstoßung, der Aussonderung. Er verkörpert das Böse. Er hat im wahrsten Sinn des Wortes den Teufel im Leib. Später ranken sich unzählige Legenden um Judas. Er wird zum Inbegriff des Verräters. Der gelbe Mantel wird zum Warnzeichen: Vorsicht, hier sitzt das Böse. Kommt ihm nicht zu nahe! Was aber wissen wir wirklich von ihm?

Es hat ihn gegeben. Er hat von Anfang an zum engsten Jüngerkreis Jesu gehört. Die Evangelisten sind sich wohl darüber einig, dass er den Aufenthaltsort Jesu verraten und eine unauffällige Verhaftung ermöglicht hat. Dann ist er gestorben. Mehr wissen wir nicht. Vor allem wissen wir keine Antwort auf die wichtigste historische Frage: Warum hat er Jesus verraten? Es bleibt wohl für immer unklar, was ihn dazu gebracht hat. Die Geschichte des Judas bleibt offen. Die Auseinandersetzung mit Judas aber geht weiter. Alle Antworten, die seitdem auf diese zentrale Frage, warum Judas Jesus verraten hat, gegeben wurden, sind nichts als theologische, psychologische oder historische Spekulation. Die Geschichte des Judas wird zur Geschichte der Ausstoßung und Verteufelung der Juden. Sie wächst an zu einem monströsen Kapitel unserer Geschichte, dessen man sich nur schämen kann. Als hätte Judas nicht das Geringste mit uns zu tun. Als wäre das, was er getan hat, zu unvorstellbar um noch menschlich zu sein. Aber es gibt, von Anfang an in den Evangelien, in der christlichen Tradition und bis heute eine andere Linie, weniger verurteilend, nachdenklicher, fragender…

Titel (→ Mittel)	(Titel ←) Mittel
Bin ich's	Zitat, Erklärung

Und am Abend des Tages der ungesäuerten Brote setzte Jesus sich zu Tisch mit den Zwölfen. Und als sie aßen, sprach er: Wahrlich, ich sage euch: Einer unter euch wird mich verraten. Und sie wurden betrübt und fingen an, jeder einzeln, ihn zu fragen: Herr, bin ich's?

Matthäus lässt die Jünger so fragen. Der Meister des Dominikanerzyklus hält einen Platz am Tisch frei für uns.

In dem mittelalterlichen Passionslied: O du armer Judas, was hast du getan? lautet eine Strophe: „Ach, wir armen Menschen, was haben wir getan / Christus unseren Herren gar oft verkauffet han./ Müssten wir in der Hölle leiden große Pein / wollte er selbst nicht Helfer und Mittler sein“.[1]

1 Es handelt sich um die deutsche Übersetzung des lateinischen Osterhymnus „Laus tibi, Christe, qui pateris“, vgl. z. B. Wackernagel, Peter, Das deutsche Kirchenlied. Band 1, Leipzig, 1864, 210, No. i47.

Und Johann Sebastian Bach lässt in seiner Matthäuspassion auf die Frage der Jünger – noch bevor Jesus etwas sagt – die Gemeinde antworten mit dem Liedvers des Paul Gerhardt: „Ich bin's, ich sollte büßen / an Händen und an Füßen / gebunden in der Höll. / Die Geißeln und die Banden / und was du ausgestanden / das hat verdienet meine Seel…"[2]

Freilich: das könnte auch wieder schnell zu fromm und zu selbstverständlich klingen: Ja, wir alle sind Sünder… – aber Verräter, wie Judas?

Dabei hat Verrat so viele Gesichter… Wie ist das denn bei uns? Wir tun doch ständig Dinge, von denen wir wissen, dass sie eigentlich falsch, schädlich, unmenschlich sind. Wir verraten unsere Überzeugungen für ein bisschen Bequemlichkeit oder ein paar Wählerstimmen

Auch Judas fragt: „Bin ich's?" Die allermeisten Ausleger halten diese Frage für den Gipfel der Verschlagenheit, den endgültigen Beweis dafür, wie abgrundtief falsch Judas ist. Da tut er so, als wäre er erschrocken wie die anderen und dabei hat er doch das Geld für seinen Verrat schon im Beutel.

Aber ich denke mir für einen Moment: Was, wenn hinter seiner Frage so etwas wie die verzweifelte Sehnsucht steckt, gesehen zu werden, entdeckt und angesprochen zu werden, vielleicht im letzten Moment noch aufgehalten, abgehalten zu werden. Aber es gibt kein Zurück mehr. Wenig später in Gethsemane ist er nur noch ein Rädchen im Ablauf der Ereignisse. Und als er erkennt, was er getan hat und bereut und das Geld zurückgeben will, ist es zu spät. Was bleibt, ist seine Verzweiflung über etwas, was nicht mehr ungeschehen zu machen ist.

Doch wer in dieser Geschichte nur auf Judas starrt, der verkennt, dass auch die anderen Jünger Jesus verlassen und verraten. Sie sitzen alle auf einer Bank: die, die Jesu Angst in Gethsemane nicht ertragen und bei seinem Sterben fliehen, Petrus, der sich lossagt, Saulus-Paulus, der die Jesusanhänger verfolgt. Die Schuld des Judas ist nichts, was anderen Menschen fremd wäre.

Titel (→ Mittel)	(Titel ←) Mittel
Wie ich auch…	Fragen, direkte Anrede, Interview

Worin auch immer die Schuld des Judas besteht, wodurch auch immer sie motiviert ist – irgendeinen Aspekt davon kenne ich auch aus meinem Leben. Dieser Judas fragt uns:

Kennst du das nicht auch, dass du etwas verrätst, was du eigentlich für richtig hältst, weil es womöglich Geld kostet oder sogar Geld bringt? Hast Du schon mal jemanden alleine gelassen, weil du vielleicht doch lieber auf der Seite derer stehst,

2 Gerhardt, Paul, O Welt, sieh hier dein Leben, Strophe 4, vgl. Evangelisches Gesangbuch. Ausgabe für die Evangelisch-Lutherische Kirchen in Bayern und Thüringen, München / Weimar [4]2009, 175.

die – für den Augenblick jedenfalls – mehr Macht und mehr Einfluss haben? Ist dir das nicht auch vertraut, dass Du den Dingen einfach ihren Lauf lässt, aus Müdigkeit, aus Erschöpfung, aus Angst, obwohl du im letzten Moment sagen könntest: Nein… Oder: Ich habe mich geirrt. Oder: Ich bin drauf und daran etwas zu machen, was ich womöglich später bereue…. Und diesen allerletzten Moment von Verzweiflung und völliger Ausweglosigkeit, hast du den nicht auch schon gespürt? Den Gedanken: Vielleicht wäre es besser, wenn es mich gar nicht gäbe, wenn ich nie geboren oder einfach nicht mehr da wäre… – hat der deine Seele nicht irgendwann auch schon einmal gestreift?

Schon möglich, dass Sie jetzt beim Zuhören spüren, wie groß Ihr Widerwillen ist, sich diesen dunklen und verzweifelten Seiten des Judas anzunähern oder sich gar in ihnen wiederzuerkennen. Schon naheliegend, mit diesem Judas nichts zu tun haben zu wollen. Mich aber hat nachdenklich gemacht, was neulich ein Psychologe gesagt hat. Ein Journalist der britischen Tageszeitung The Guardian hat ihn gefragt, wie man es denn schaffen soll, Leute auszuhalten, deren Denken und Handeln einem völlig fremd erscheinen, über die man sich furchtbar ärgert oder die einem Angst machen. Der Psychologe empfiehlt, an Aussagen über sie zu denken – positive und negative – und diesen Aussagen den einfachen Satz anzufügen: „genauso wie ich…“. Da mag nun jeder von uns an eine andere Figur denken. Der Psychologe ist gefragt worden, wie das für ihn mit Donald Trump ist. Und er hat geantwortet: Ich sage mir ganz einfach: „Donald Trump wacht jeden Morgen auf und versucht, alles so gut zu machen wie er es eben kann – genauso wie ich. Donald Trump möchte nicht beschimpft und geschmäht werden – genauso wie ich. Donald Trump ist ein Lügner – genauso wie ich.“

Sie ahnen, was dieser Psychologe damit ausdrücken will: er will uns anregen, darüber nachzudenken, wie ähnlich wir auch den Menschen sind, die uns auf den ersten Blick völlig fremd scheinen, die uns Angst machen, mit denen wir nichts zu tun haben wollen. Auch ich, auch Sie, jeder von uns kennt und teilt deren seelische Befindlichkeiten. Auch Judas ist in nichts anderen Menschen fremd. Er ist in allem uns nah…

Titel (→ Mittel)	(Titel ←) Mittel
Vergebung für Judas und für mich	Zitat, Zuspruch

In einem freilich unterscheidet er sich von uns. Judas stirbt am Karfreitag, noch vor dem, den er verraten hat, alleine, verlassen. Judas hat nicht mehr erlebt, dass Jesus auch für ihn stirbt. Wir aber wissen das. Wir wissen, dass Jesus am Kreuz nicht wegen Judas gestorben ist, sondern für Judas und für uns. Die Geschichte des Judas endet nicht mit seinem Tod. Sie endet mit Jesu Worten am Kreuz: *Vater, vergib ihnen, denn sie wissen nicht, was sie tun.*

Jesus hat, so hat der Theologe Helmut Gollwitzer einmal gesagt, durch sein Leben und sein Sterben auch Judas die Vergebung zugesprochen: „Dein Recht auf Leben hast du verspielt", hat er zu ihm gesagt. „Ich bin dein neues Recht zum Leben."[3]

Nur so, nur deshalb kann ich mich neben Judas setzen. Nur so, nur deshalb kann ich es aushalten mit den Menschen, deren Taten mir Angst machen und deren Motive ich nicht verstehe. Nur so kann ich versuchen, mich auch den dunklen und unerträglichen Teilen in mir selbst auszusetzen.

Schauen Sie sich deshalb das Abendmahlsbild aus dem Dominikanerzyklus, das dort hinten am Ausgang hängt, noch einmal genau an. Sie sehen den freien Platz neben Judas. Sie sehen Judas, der direkt neben Ihnen sitzt. Und Sie sehen Jesus. Sehen Sie, wie er auf Judas schaut. Sehen Sie, wie er ihm das Brot reicht: *„Nimm hin und iss, mein Leben und mein Sterben – für Dich."* Sehen Sie hin – und Sie werden erkennen: *„Jesus gibt sein Leben für Judas – genauso wie für mich."*

Und der Friede Gottes, der höher ist als alle Vernunft, bewahre unsere Herzen und Sinne in Christus Jesus. Amen.

Zur Arbeit mit der Dramaturgischen Homiletik

Als Pfarrerin war ich in den letzten Jahren in sehr unterschiedlichen Arbeitsfeldern tätig. Ich habe mit Studierenden gearbeitet, die vielleicht Pfarrer und Pfarrerin werden wollten – aber vielleicht auch nicht. Ich war in einer großen Kirchengemeinde in Nürnberg für einen Sprengel von mehr als 3000 Gemeindegliedern zuständig und zugleich für Erwachsenenbildung, für alles, was krabbeln konnte und fürs Bier auf dem jährlichen Gemeindefest. Ich habe Profis in Gruppendynamik, Erwachsenen- und Familienbildung fortgebildet – und nun begleite ich seit vielen Jahren Ratsuchende, die in die „Offene Tür" kommen, einer niedrigschwelligen kirchlichen Beratungsstelle in Nürnberg. In all diesen Zeiten habe ich gepredigt – und es immer wieder als Herausforderung erlebt, die unterschiedlichen Lebenswelten, denen ich begegnet bin, durchsichtig zu machen auf die biblischen Texte hin – und umgekehrt.

Als ich die Dramaturgische Homiletik kennenlernte, da war sie noch gar nicht *die* Dramaturgische Homiletik. Vielleicht war sie noch nicht mal zur Welt gekommen. Womöglich war sie sogar erst im Stadium einer frühen embryonalen Zellteilung, formte sich, wolkte und wuchs in Gesprächen des Assistenten Martin Nicol in den homiletischen Seminaren bei Friedrich Mildenberger. Sie wurde genährt durch Martin Nicols Leidenschaft für Bilder und Wort-Spiele, durch

3 Gollwitzer, Helmut, Krummes Holz – aufrechter Gang. Zur Frage nach dem Sinn des Lebens, München 1972, 280.

seine Faszination für Gedichte, für Filme, seine Begeisterung für den Musikkritiker und Journalisten Joachim Kaiser. Von ihm konnte man lernen, auch Töne in Bilder und Worte zu fassen. Er war Inspirationsquelle für Martin Nicols liebevoll-aufmerksames Lauschen, mit dem er Gotteslob auch aus Beethoven-Sonaten heraushört, diskret, machtvoll und immer wieder so, dass er damit auch andere neugierig macht, Gottesklang an ungewohnten Orten zu erwarten.

Für solchen Gottesklang an ungewohnten Orten angemessene Ausdrucksformen zu finden, das ist für mich die Quintessenz der Nicolschen Homiletik. Vielleicht hat mich all das immer wieder ermuntert, die berühmte *gleichschwebende Aufmerksamkeit* auch dem zu predigenden Bibeltext zuteilwerden zu lassen. Die Bilder und Farben und Stimmungen, die er in einem auslöst, die Einfälle, die er hervorruft – nichts davon braucht sofort sortiert oder bewertet zu werden. Der Bibeltext teilt sich in Bildern mit, in Bildern, die er selbst in sich trägt und in Bildern, die er freisetzt in denen, die ihn hören.

Mich hat Martin Nicols Auseinandersetzung mit Predigttexten beeindruckt und bestätigt – und seitdem nehme ich das als Ermutigung und Ermunterung, meinen ganz eigenen Weg zur Predigt einzuschlagen. Ich lasse mich im Rahmen der Predigtvorbereitung von Bildern und Einfällen gewissermaßen überfluten. Sie können von überall herkommen, wenn ich nur aufmerksam genug bin. Sie tauchen auf aus Gesprächen mit Freunden und Klienten, sie wachsen aus winzigen Nebenbemerkungen oder den Spuren, die ein langer Abend im Kino hinterlassen hat, sie kommen aus der aktuellen Zeitungslektüre und aus vagen Erinnerungen an irgendwelche Gedichtzeilen. Sie fordern langes und sorgfältiges Durchforsten von Bücherregalen: Mit schrägem Kopf werden *Titel* gesucht und Bände durchblättert. Das zieht sich und ist nicht immer leicht auszuhalten. Besonders nicht für die, die fragen: „Hast Du denn immer noch keine Idee?“ „Keine?“, sage ich dann. „Dutzende! Der rote Faden, die Gliederung, danach suche ich.....“.

Dabei allerdings hat mir die Dramaturgische Homiletik, so, wie ich sie später durch andere, die davon begeistert waren, kennengelernt habe, wirklich geholfen. Ausprobiert habe ich das zuallererst in den kleinen Formen. Ronja Räubertochter, Pippi Langstrumpf und Juan Miros Mistgabel mussten für die ersten Versuche herhalten. Bilder dürfen auch nebeneinander stehen, man muss nicht alles kommentieren und erklären. Keiner braucht den Predigthörenden an der Hand behutsam über alle Schwellen zu führen. Manchmal sind es ja gerade die Stolperschwellen, an denen jemand anfängt, hinzuschauen und hinzuhören.

Man darf der Kraft der Bilder trauen. Sie laden ein, sie stehen für sich, sie erhellen sich gegenseitig. Es ist ein bisschen wie im Museum: man geht von einem Bild zum anderen und wieder zurück, geht näher ran, weiter weg, lässt sich von einer Person fesseln oder von einem Detail, vom besonderen Licht – oder davon, dass da schon andere stehen und es eingehend studieren. Was die wohl sehen?

Und ob ich mich da kurz mal danebenstellen kann? Und was geschieht dann wohl mit mir? Predigten sollen einladen, ins Bild und ins Wort – und womöglich verführen sie ja zu einer Suchbewegung, die auch nach dem Hören weitergeht… Das jedenfalls wünsche ich mir – für mich selbst und alle, die predigen und Predigten hören.

Kathrin Oxen

Blick fürs Unsichtbare

Predigt an Jubilate zu 2. Korinther 4,14–18

Zur Predigerin

Kathrin Oxen, geb. 1972 in Neustadt/Holstein, studierte Evangelische Theologie in Wuppertal und Berlin. Von 2004–2011 war sie als Pfarrerin der Evangelisch-Reformierten Kirche in Mecklenburg-Bützow tätig. 2008–2010 absolvierte sie die „Meisterklasse Predigt" im Atelier Sprache e.V., Braunschweig. Seit Februar 2012 leitet sie das Zentrum für evangelische Predigtkultur der EKD in der Lutherstadt Wittenberg. 2008 gewann sie den Internationalen Predigtpreis zum Calvin-Jahr und 2009 den Ökumenischer Predigtpreis des Verlags für die deutsche Wirtschaft in der Kategorie „Beste Predigt".

Zum Hintergrund der Predigt

Die nachfolgende Predigt wurde im Universitätsgottesdienst in Erlangen gehalten, den die Predigerin gemeinsam mit Prof. Dr. Martin Nicol gestaltet hat.

Manuskript der Predigt

Titel (→ Mittel)	(Titel ←) Mittel
Morten Harket live	Schilderung

Er war ein Gott. Jedenfalls damals, als wir fünfzehn waren. Jetzt steht er wieder auf der Bühne. Und er sieht von dort oben die Gesichter, die Körper. Die Frauen brauchen, anders als damals, die Stunde im Bad jetzt wirklich, um heute Abend so auszusehen. Fältchen, auch Falten, ein lässiges Top, Jeans natürlich, ein bisschen zu viel um die Hüften.

Die Männer mit deutlich weniger Haar und deutlich mehr Bauch. Auch das alte Tour-T-Shirt kann das nicht kaschieren. Für heute Abend haben sie es von ganz unten aus dem Schrank geholt, aus der Ecke hinter den Oberhemden.

Er steht auf der Bühne und sieht die Frauen und die Männer, dreißig Jahre später. Sie jubeln und klatschen heute Abend wie damals, als sie noch nicht viel wussten von der ersten Liebe. Und noch weniger von der zweiten und der dritten Liebe. Als sie nichts wussten von der Arbeit, der Karriere, dem Mann, der Frau, den Kindern, dem Auto, der Wohnung, dem Haus, dem Urlaub, zwei Wochen in der Sonne. Davon, wie es einmal sein wird, wenn sie das alles haben. Oder nicht haben. Was es mit ihnen macht und wie es sie verändert.

Er sieht sie und sie sehen ihn auf der Bühne. Als seien die Jahre fast spurlos an ihm vorbeigegangen, so steht er da, in Jeans und T-Shirt, ohne Bauch und mit Haaren, sein Körper, sein Gesicht, lässig und schön wie damals.

Sie jubeln, sie klatschen, weil man dreißig Jahre einfach mal vergessen kann an einem Abend wie diesem. Und er ist ein Gott. Weil sie in ihm das sehen, was immer noch in ihnen ist. Und weil er in ihnen das sieht, was nicht vergeht.

Titel (→ Mittel)	(Titel ←) Mittel
Uns tun die Füße weh, Paulus	Dialog

Darum werden wir nicht müde; sondern wenn auch unser äußerer Mensch verfällt, so wird doch der innere von Tag zu Tag erneuert.

Ach, Paulus, sag sowas nicht. Wir werden doch müde. Schon wenn wir von so einem Konzert nach Hause gehen, tut uns der Rücken weh und die Füße und wir sind regelrecht dankbar über einen Sitzplatz in der S-Bahn nach Hause. Wir werden müde, Paulus, weil dreißig Jahre doch eine lange Zeit sind. Und wir das auch deutlich sehen, an unseren Gesichtern und unseren Körpern, wenn die Lichter wieder angehen und wir abends nach dem Konzert vor dem Spiegel stehen ohne Makeup.

Dreißig Jahre sind ein gutes Stück vom Leben. Vor allem, weil doch niemand von uns weiß, wie viele Stücke das Leben eigentlich hat.

Ob es nicht zu Ende geht vor der Zeit, die wir für angemessen halten und wir ganz stumm werden vor einem Schicksal, das da ins Nachbarhaus eingezogen ist. Oder was sein würde, wenn es bei uns an der Tür klingelt und wir ihm aufmachen müssen, ob wir wollen oder nicht.

Und tief innen haben wir uns gewöhnt daran, dass es vielleicht einfach so ist. Wir leben. Und leben so lange, bis irgendwann, mehr oder weniger, langsam oder plötzlich sichtbar wird, dass wir sterben müssen, an unserem Gesicht, an unserem Körper.

Aber wir werden müde, Paulus, wenn wir zusehen müssen, wie unser äußerer Mensch verfällt. Und manchmal sind wir sehr müde davon.
Und dann ist es so schwer für uns zu glauben, dass es so ist, wie du sagst: *Dass der, der den Herrn Jesus auferweckt hat, uns auch auferwecken wird mit Jesus.* Und dass wir einmal vor ihm stehen werden. Dass wir leben und sterben – und leben.

Titel (→ Mittel)	(Titel ←) Mittel
Innen fünfzehn	Erlebnisbericht

„Schade“, sagt meine Schwester vor dem Spiegel, als wir uns fertig machen für das Konzert. Sie meint damit die Spuren der Jahre in unseren Gesichtern und dass es jetzt länger dauert, bis wir schön sind, als vor dreißig Jahren. Sie stellt das fest, aber sie sagt es ohne Bedauern. Und dann malt sie sich die Lippen sehr rot, bevor sie sich von ihrem Spiegelbild verabschiedet.

Denn heute Abend merken wir beide: Es gibt noch etwas anderes in uns. Einen Teil, dem die Jahre nichts anhaben können. Etwas, das nicht vergeht.
Es ist nicht so, als blieben wir innendrin ewig fünfzehn, jung, sorglos und unwissend, jubelnd und klatschend. Denn Arbeit, Mann und Kinder, Urlaub, zwei Wochen in der Sonne, das haben wir jetzt alles. Und das hat uns auch innendrin verändert.
Aber dieser Teil von uns wird nicht müde davon. Er wacht Tag für Tag auf. Wie man aufwacht, wenn man gut geschlafen hat und sich wie neu fühlt.
Diesen Teil, dem die Jahre nichts anhaben können, den nennt Paulus „innerer Mensch“.
Im Spiegel kann man ihn nicht sehen. Denn im Spiegel sieht man bloß die Falten und die Kilos zu viel. Vergleicht das Bild von heute mit dem Bild von vor dreißig Jahren. Und ja, das ist dann gelegentlich zu bedauern. „Schade“, sagt meine Schwester und sie hat recht damit.
Aber es ist gut, wie sie sich dann die Lippen anmalt und weggeht von diesem Spiegel. Weil sie weiß: Es gibt noch mehr, in mir. Und heute Abend ist nur das wichtig.
Wer vor dem Spiegel nicht wegkommt in seinem Leben, und nur auf das sieht, was vergeht, muss traurig werden. Aber wer den Teil spüren kann, dem die Jahre nichts anhaben können, wird froh.

Wir sehen nicht auf das Sichtbare, sondern auf das Unsichtbare. Denn was sichtbar ist, das ist zeitlich; was aber unsichtbar ist, das ist ewig.

Titel (→ Mittel)	(Titel ←) Mittel
The Sun Always Shines On TV	Zitat, Erklärung

„Applaus, Applaus. Wer jetzt erst kommt, kommt eigentlich genau richtig. Denn die Zugabe, sie ist das Ostern des Konzerts. Die Gewitterwolken haben sich verzogen. "The Sun Always Shines On TV" scheint wie eine warme Woge Frühling von der Bühne. Auch Morten blüht auf. Wie Jesus breitet er die Arme aus, als würde er sagen wollen: Seht, ich bin für euch gestorben und doch wiederauferstanden.“ (Julia Friese, Berliner Morgenpost, 14.04.2016)

Er war ein Gott für uns, damals, als wir fünfzehn waren. Und heute Abend wischt er die Jahre weg und überschwemmt uns für einen Abend mit einer warmen Woge Frühling und Jugend. Und plötzlich sind wir ganz sicher, dass es das gibt: Einen Teil von uns, dem die Jahre nichts anhaben können. Was damals war, verändert das, was jetzt ist. Weil einer das in uns sieht, was nicht vergeht.

Und nun kommt das Schwierige. Oder das Leichte. Wir sollen es genauso machen wie dieser Gott auf der Bühne, meint Paulus. Bloß andersherum. Denn nicht nur die Vergangenheit verändert die Gegenwart. Auch die Zukunft.

Denn unsre Trübsal, die zeitlich und leicht ist, schafft eine ewige und über alle Maßen gewichtige Herrlichkeit, uns, die wir nicht sehen auf das Sichtbare, sondern auf das Unsichtbare.

Wir sehen alle auf das Unsichtbare. Das ist unsere Zukunft, von der wir doch nicht einmal den nächsten Tag wirklich kennen, wenn wir ehrlich sind. Und deswegen müssen wir es unbedingt so machen, wie es meine Schwester vor dem Spiegel gemacht hat. Nicht endlos auf die Gegenwart starren und wie es da aussieht.

Wer vor dem Spiegel nicht wegkommt in seinem Leben und nur auf das sieht, was da ist, muss traurig werden. Aber wer den Teil spüren kann, dem die Jahre nichts anhaben können, der immer da ist, damals und heute und ganz sicher auch morgen, der malt sich die Lippen rot und geht los. Und morgen kommt dir entgegen wie eine warme Woge Frühling.

Denn wenn das Herrlichkeit hatte, was aufhört, wie viel mehr wird das Herrlichkeit haben, das bleibt. (2 Kor 3,11) *Denn was sichtbar ist, das ist zeitlich; was aber unsichtbar ist, das ist ewig.*

Titel (→ Mittel)	(Titel ←) Mittel
Und ganz am Ende wirst du leben	Zuspruch

Und ganz am Ende steht Gott selbst auf der Bühne.
Und du wirst vor ihm stehen und es wird dich überschwemmen
und alles mitnehmen, was schwer war.
Du wirst es hinter dir lassen, so wie eine Mutter die Schmerzen bei der Geburt einfach vergisst.
Und alles wird jung sein und Ostern und Frühling.
Und die Sonne wird scheinen.
Und du wirst leben.
Amen.

Zur Arbeit mit der Dramaturgischen Homiletik

Die Fortbildung in Dramaturgischer Homiletik hat meinem Predigen einen entscheidenden Impuls gegeben. Besonders die Schnitttechnik und die Sinnlichkeit und Bildlichkeit von Sprache habe ich in der Folge in meinen Predigten vielfach anwenden können. An der vorliegenden Predigt ist zu sehen, wie es mit den Mitteln der Dramaturgischen Homiletik gelingen kann, eine eigene Lebens- und Glaubenserfahrung (hier die Wahrnehmung von vergehender Zeit angesichts der Hoffnung auf ein ewiges Leben) für die Hörerinnen und Hörer nachvollziehbar in der Predigt zur Sprache zu bringen.

In meiner Tätigkeit im Zentrum für Predigtkultur habe ich die Dramaturgische Homiletik darüber hinaus auch als Analyseinstrument im Predigtcoaching schätzen gelernt. Die Einteilung – auch nicht dramaturgisch gearbeiteter Predigten – in *Moves*, die wir „Dramalyse“ nennen, hilft, das Ganze der Predigt im Blick zu behalten und erleichtert es gleichzeitig, an kleineren Einheiten Veränderungen vorzunehmen.

Sándor Percze

Ein Mikron und die Weltdrehung

Predigt an Jubilate zu Johannes 16,16–23a

Zum Prediger

Dr. Sándor Percze, geb. 1974, ist Pfarrer der Evangelisch-Lutherischen Kirche in Ungarn und lebt in Győr-Ménfőcsanak. In den Jahren 2002 bis 2006 absolvierte er einen Studienaufenthalt in Erlangen. Percze hat die dramaturgisch-homiletische Programmschrift „Einander ins Bild setzen" ins Ungarische übersetzt.[1] Er wurde 2008 mit einer Arbeit bei Martin Nicol über die Ästhetik des Films und die Gestalt der Predigt promoviert.

Zum Hintergrund der Predigt

Die Predigt wurde am 07. Mai 2017 in der Gemeinde zu Győr-Ménfőcsanak am 3. Sonntag nach Ostern (Jubilate) gehalten und vom Prediger für diesen Band übersetzt.

Manuskript der Predigt

Titel (→ Mittel)	(Titel ←) Mittel
Eine kleine Weile vergeht nicht so schnell	Alltagszene mit Dialog

Liebe Gemeinde,
es ist Samstagmittag. Beim Mittagessen sage ich zu meiner Tochter: „Am Nachmittag gehen wir ins Café und essen ein Eis." Ihre Augen werden darauf

1 Vgl. Nicol, Martin, Dramatizált homiletika, Budapest 2005.

hell und strahlend. Kaum ist der letzte Brocken geschluckt, fängt sie an zu fragen: „Wann gehen wir?“ „Nachmittag“, sage ich. „Dauert es noch lange, bis Nachmittag wird?” fragt sie neugierig. „*Noch eine kleine Weile*“, sage ich ruhig.

Wir stehen vom Tisch auf, räumen die Teller in die Spülmaschine ... und wieder höre ich ihre Stimme: „Dauert es noch lange, bis Nachmittag wird?“ „Nein, *nur eine kleine Weile*, dann werden wir gehen.“

Ich würde mir gerne eine Pause gönnen... Die Woche war lang und stressig. Endlich kann ich im Sessel meine Zeitung lesen und dazu einen Kaffee genießen. Ich setze mich eben nieder. Mache es mir bequem, öffne mir die Zeitung und hebe die Tasse vor meine Nase, um den Duft des Kaffees zu riechen... Sie steht wieder vor mir: „Dauert es noch lange, bis Nachmittag wird?“ „Hab ich dir schon gesagt! *Nur eine kleine Weile!* Sei ruhig, bitte!“

Und so geht es weiter, bis ich aufgebe: Die Mittagsruhe, das Zeitungslesen und das kostbare Nichtstun, das ich mir nur für diese kleine Weile gewünscht hätte, gebe ich auf. Für sie will diese kleine Weile einfach nicht vergehen. Sie kann nicht ruhen, sie wetzt sich hin und her. Und fragt in jeder zweite Minuten, wann diese kleine Weile endlich vergeht.

Titel (→ Mittel)	(Titel ←) Mittel
Mikron & Weile	Erklärung

Was bedeutet das, was er sagt: Noch eine kleine Weile? Wir wissen nicht, was er redet. So spricht nicht nur meine Tochter zu Hause. So sprechen auch die Jünger untereinander. Was bedeutet diese kleine Weile? Wann kommt sie? Und wann vergeht sie? Sie will nicht vergehen! Und Jesus muss drei Mal zu ihnen sagen: *Noch eine kleine Weile, dann werdet ihr mich nicht mehr sehen; und abermals eine kleine Weile, dann werdet ihr mich sehen.* Sieben Mal ist in diesem Gespräch von der *kleinen Weile* die Rede, die in unseren Augen so unendlich lang sein kann. Sieben Mal erklingt die *kleine Weile.* Entweder sie will gar nicht erst ankommen oder sie will nicht mehr vergehen.

Im Griechischen steht das Wort „Mikron“ für „kleine Weile“. Ihr wisst, heute bezeichnet die Wissenschaft mit diesem Wörtlein das, was sehr-sehr klein ist. Ganz genau das Tausendstel vom einen Millimeter „Mikron“ genannt. Oder anders gerechnet: das Millionstel von einem Meter. So klein ist es, das Mikron. Und doch hat es einen riesigen Einfluss auf das Leben.

Titel (→ Mittel)	(Titel ←) Mittel
Wenn Zwerge zu Riesen werden	Variationen zur Rede Jesu

Eine kleine Weile – nur ein Mikron. In eurem ganzen Leben habt ihr nur ein Millionstel Teil, in dem ihr mich nicht seht. Ich bin immer bei euch und mit euch.

Ich stehe immer vor euch, gerade vor euren Augen. Es ist nur ein Millionstel in eurem ganzen Leben, in dem ihr mich nicht seht.

Eine kleine Weile – nur ein Mikron – *werdet ihr mich nicht sehen.* Ihr seht mich nicht, weil ihr aus einem Zwerg einen Riesen macht. Ihr stellt euch die Mikrons vor, als wären sie Riesen. Die sind aber nur ein Millionstel im Verhältnis zu mir. Und diese, aus Zwergen gewordenen Riesen verdecken mich und ihr könnt mich nicht sehen mit euren Augen. Wegen winzigen Mikrons, die ihr selbst zu Riesen gemacht habt, seht ihr mich nicht. Deswegen werdet ihr weinen und klagen. Lasst die Mikrons bleiben was sie sind: eine Winzigkeit.

Eine kleine Weile – nur ein Mikron – *werdet ihr mich nicht sehen.* Wenn ihr mich nicht seht, wenn ihr nicht auf mich seht, wird euer Leben eingeengt. Ihr selber werdet ein Mikron. Ihr werdet euch fühlen, als wärt ihr Zwerge. So klein und so nichtig wirst du, wenn du mich nicht siehst. Wenn du mich nicht siehst, wirst du dich verzwergen und zusammenschrumpfen. Nicht nur von außen. Vor allem von Innen.

So wird es sein, wenn du mich für eine kleine Weile nicht siehst. Du wirst dich fühlen, als ob du ein Nichts wärest. Ein Klitzeklein, ja wohl ein Mikron. Dein Leben wird keine Tiefe und Breite haben.

Titel (→ Mittel)	(Titel ←) Mittel
Vom Schmerz zur Freude	Vergleich

Eine Mikron-Existenz in der Menschenwelt ist voll mit Leiden und ohne Freude. Diese Existenz zu verlassen ist ebenfalls schmerzhaft und leidvoll. Es ist, wie eine Geburt. Es ist schmerzlich. Und dauert lange. Weil alles zur Wehe wird. Die gebärende Frau findet zunächst keine gute Haltung. Es tut ihr alles weh: das Sitzen und das Gehen; das Atmen und das Leben. Alles was sie berührt, verwandelt sich in Schmerz. Der Magen quabbelt und dreht. Vieles kann sie nicht mehr ansehen oder riechen. Die Frauen wissen davon mehr als wir Männer.

Es ist wie eine Geburt – so sagt Jesus. So schmerzlich ist das Herauskommen aus der Mikron-Existenz. Das Herauskommen aus dem Gott-Nicht-Sehen; aus der Verzerrung, die Zwerge als Riesen vor unseren Augen tanzen lässt; aus dem Bangen vor den Zwergen und aus dem Zittern von uns selber. Es tut alles so weh. Und die ganze Welt dreht sich von Übelkeit.

So ist die Geburt. Voller Schmerz und Weh. Und am Ende doch ein Wunder. Ein neues Leben ist plötzlich da. Ein kleiner Mensch kommt rasch zur Welt. Jemand, von dem auch die Eltern nur geahnt haben, wie er oder sie sein wird. Und die Welt wird umgedreht: von Schmerz zur Freude. Von der Qual zum

Jubeln. Im Bruchteil von Sekunden passiert das. In einer kleinen Weile. Wenn das Kind da ist, empfindet das jeder, der das erleben darf als Wunder und große Freude. Ein Mensch ist zur Welt gekommen.

Titel (→ Mittel)	(Titel ←) Mittel
Wenn sich die Welt dreht	Anrede, Zuspruch

Ich glaube, das ist das Größte, was einem passieren kann, dass wir unsere Mikron-Welt hin zu einem neuen Leben durchschreiten.

Mit einer Geburt wird die ganze Welt umgedreht, denn es kommt ein Mensch zur Welt. Ein Mensch, ein voller Mensch; und ein freier Mensch und kein Mikron-Mensch oder Zwerg. Es dreht die ganze Welt um. Und es dreht sich auch der Predigttext: *Ich will euch wiedersehen, und euer Herz soll sich freuen, und eure Freude soll niemand von euch nehmen.*

Es dreht sich die Welt: bisher hast du ihn nicht gesehen. Oder wenn du ihn doch gesehen hast, ist er schnell vor deinen Augen verschwunden. Jetzt merkst du, er sieht dich an. Er richtet seine Augen auf dich. Und obwohl du noch immer klein bist, ein winziges Mikron hier auf der Erde, er sieht dich an. Und du siehst ihn. So großartig ist es, wenn sich die Welt umdreht. Nur eine kleine Weile. Ein Mikron eben. Und all das kann passieren. Amen.

Zur Arbeit mit der Dramaturgischen Homiletik

Dramaturgische Homiletik bedeutet für mich, in Bildern zu denken. Jedem Inhalt, der unter Menschen kommuniziert wird, liegen Bilder zur Grunde. Das ist sogar auf den zweiten Blick bei abstrakt scheinenden Inhalten so. Im *Move* „Mikron und Welt" zum Beispiel ist die Rede von der „kleinen Weile" und ihrem griechische Äquivalent, dem Mikron. Wer sich ein Metermaß vorstellt, wird es auch leicht schaffen sein Millionstel zu ahnen. Jeder Gedanke, der sprachlich ausgedrückt wird, kann in unterschiedlichen Bildern gefasst werden.

Die Predigt ist demnach durchaus vergleichbar mit der Gestaltung eines Bildes. Das heißt ich bilde etwas ab und zeichne etwas vor Hörern. Schritt für Schritt, von Detail zu Detail und von Farbe zu Farbe. Dieser Prozess oder der Fluss der Gestaltung wird als Bewegung und Handlung wahrgenommen, als ein Ereignis, was eben hier und jetzt vor ihren inneren Augen geschieht oder sich vor ihnen aufbaut. Etwas, dem man folgen kann und das man verstehen kann. Etwas, in das man sich nach Lust und Laune hineinbegeben und teilnehmen kann. Und auch etwas, in dem man sich selber anders erleben kann. Was sehbar und sichtbar ist, liegt nicht außerhalb des Lebens und der Erfahrung der Gottesdienstbesucher, sondern mitten im Leben.

In der Dramaturgischen Homiletik wird das (alltägliche) Leben in der Bibel entdeckt und die Bibel im Leben verortet. Beides sind keine isolierten Welten. Sie werden eins. In einer so vorgenommenen und in Bildern formulierten Bibel- und Lebensdeutung, kommt das Leben so zur Sprache, dass es sowohl den Kleinen als auch den Großen (Erwachsenen) verständlich und nachvollziehbar wird. Daran sehe ich nach mehr als 10 Jahren Gemeindepraxis die Stärke der Dramaturgische Homiletik: Sie impliziert eine Sprache, die einfach jedoch tiefsinnig ist. Eine Sprache der Weisheit.

Ferenc Herzig

„Spieglein, Spieglein an der Wand." Von der Kleidsamkeit der Liebe

Predigt an Kantate zu Kolosser 3,12–17

Zum Prediger

Ferenc Herzig, geb.1987, hat in Leipzig und Halle (Saale) Evangelische Theologie studiert und ist seit 2014 als wissenschaftlicher Assistent am Lehrstuhl für Praktische Theologie in Leipzig tätig.

Zum Hintergrund der Predigt

Die Predigt wurde am Sonntag Kantate, dem 24. April 2016, im Universitätsgottesdienst in der Nikolaikirche zu Leipzig gehalten.

Manuskript der Predigt

Titel (→ Mittel)	(Titel ←) Mittel
Gott im Spiegel und ein langer Tag	Ansprache an ein studentisches Du (Tag)

Du bist eine Auserwählte Gottes und Dein Tag war lang.
7.30 Uhr Vorlesung bei Professor Frenschkowksi, „Jesus und die Dynamik messianischer Bewegungen" im Hörsaal 5;
19.15 Uhr Seminar bei Professor Schüle, „Herz, Lebenskraft, Geist: Grundkonzeptionen alttestamentlicher Anthropologie" im Seminarraum Vier.
Zwischendurch hat man Dir im Fachschaftsrat die Tür aufgeschlossen und war so gnädig, Dir die Couch für einen Mittagsschlaf zu überlassen.
Jetzt bist Du zuhause angekommen und im Flur brennt Licht, weil Deine Mitbewohnerin Besuch da hat.
Kennst Du nicht, ist Dir auch egal.

Du grüßt freundlich, gehst an den drei Mädels vorbei ins Badezimmer.
Du schaust in den Spiegel und siehst darin Gottes Ebenbild – spiegelverkehrt.

Titel (→ Mittel)	(Titel ←) Mittel
Anti-Aggressionstraining	Ansprache an ein studentisches Du (Abend), Bibelwort & Kanzelsprache

Du bist eine Auserwählte Gottes und Dein Tag war nicht gut.
Ein Kommilitone hat sich im Seminar gemeldet, nachdem Du Dein Referat gehalten hast.
„Kann man das denn eigentlich nach Fichte noch so sagen?", hat er Dich gefragt.
Wenn Du Dich an sein überlegenes Grinsen erinnerst, wirst Du immer noch zornig.
Nun aber legt den Zorn ab von euch.
Du ärgerst Dich, weil der Dozent nicht nachgehakt hat, was denn Fichte jetzt mit diesem Thema zu tun haben soll.
(Fichte im Original: „Ich bin schlechthin, d.h. ich bin schlechthin, weil ich bin; und schlechthin, was ich bin; beides für das Ich."[1])
Und der hat das einfach freundlich weggenickt.
Wahrscheinlich hat der auch keine Ahnung von Fichte, traut sich das aber nicht zu sagen.
Nun aber legt alles ab von euch: Zorn und Grimm.
Ach, überhaupt, diese ganze Wichtigtuerei.
Du willst Pfarrerin werden.
Du willst Deine eigene Frömmigkeit entdecken und irgendwie will Dir der Sinn von Semiotik einfach nicht einleuchten.
Aber das ist wohl zu viel verlangt an einer ‚wissenschaftlichen' Fakultät.
Beten die anderen überhaupt manchmal? Schwer vorzustellen.
Nun aber legt alles ab von euch: Zorn, Grimm, Bosheit, Lästerung, schandbare Worte aus eurem Munde.
Ach, komm. Egal.
Du legst Deine Klamotten ab und ziehst Dir Deinen Pyjama an, putzt Dir Deine Zähne vor dem Spiegel und gehst in Dein Zimmer.
Auf dem Weg dahin lädt Dich Deine Mitbewohnerin noch auf ein Glas Wein ein.
Na gut, warum eigentlich nicht, putzt Du halt nachher nochmal nach.
Nach einer Stunde schaust Du auf die Uhr, es ist fast Mitternacht, aber ihr habt Euch einfach zu gut verstanden, Du und die vier Kommilitoninnen:
„Was, Theologie studierst Du? Das ist ja krass. Warum denn?"
Nun aber legt alles ab von euch: Zorn, Grimm, Bosheit, Lästerung, schandbare

1 Fichte, Johann Gottlieb, Sämtliche Werke. Band 1, Berlin 1845/1846, 97.

Worte aus eurem Munde; belügt einander nicht, denn ihr habt den alten Menschen mit seinen Werken ausgezogen und den neuen angezogen, der erneuert wird zur Erkenntnis nach dem Ebenbild dessen, der ihn geschaffen hat.

Titel (→ Mittel)	(Titel ←) Mittel
Weißes Hemd, blaues Jackett – und da fehlt doch noch was …	Exemplarisches Ich, Bibelwort & Kanzelsprache

Ich bin ein Heiliger Gottes und wenn es gut geht – manchmal, eher selten – beginnt mein Tag früh.

Dann stehe ich um halb sechs Uhr morgens auf, wenn die ersten Sonnenstrahlen in mein Zimmer dringen.

Seid ihr nun mit Christus auferstanden, so sucht, was droben ist, wo Christus ist, sitzend zur Rechten Gottes.

Ich schalte die Kaffeemaschine an und stelle Zucker und Milch bereit.

Und die Lieblingstasse – die mit dem mittlerweile abgebrochenen Henkel, die mir meine Exfreundin geschenkt hat und die ich trotzdem nicht wegwerfen kann.

Um Sechs sitze ich dann – manchmal, wenn es gut geht – an meinem Schreibtisch, Fensterblick nach Osten, und die Sonne geht auf.

Ich schlürfe einen Schluck Kaffee, mache das Mailpostfach auf und atme erleichtert durch.

Nur eine ungelesene Nachricht; bis um 10 werden es ein paar mehr sein:

„Lieber Herr Herzig, entschuldigen Sie bitte, dass ich es heute nicht zu Ihrem Seminar schaffe, aber ich kann leider aus privaten Gründen nicht."

Ich gehe ins Badezimmer, nehme eine Dusche und putze meine Zähne, vor diesem Spiegel, in dem ich Gottes Ebenbild sehe – spiegelverkehrt.

Heute wird es mal wieder ein weißes Hemd werden, und das blaue Jackett wie immer.

So zieht nun an als die Auserwählten Gottes, als die Heiligen und Geliebten, herzliches Erbarmen, Freundlichkeit, Demut, Sanftmut, Geduld.

„Lieber Herr Müller, danke für Ihre Nachricht! Das ist natürlich bedauerlich, aber ich hoffe, dass es sich nicht um allzu ernste Angelegenheiten handelt. Bis zur nächsten Woche würde ich mich freuen, wenn Sie noch von Karl-Heinrich Bieritz ‚Dass das Wort im Schwang gehe' lesen würden und sich Gedanken machen über einen Alternativvorschlag zum ‚Vorzeichen vor der Klammer' (Sie finden den Hinweis im Text). Danke und herzlichen Gruß, Ihr Ferenc Herzig."

Herzliches Erbarmen.

Das weiße Hemd und das blaue Jackett, wie immer, und *Freundlichkeit.*

Dann muss ich in die Ritterstraße, Treffen mit den anderen Seminarleiterinnen und Seminarleitern der groß angelegten und finanziell gut geförderten LaborUniversität.

Ich erzähle den anderen von meinem fantastischen Projekt: Interreligiös und interdisziplinär, Judentum und Islam und Christentum, eine Schauspielerin kommt auch noch.

Herzliches Erbarmen und freundliches Nicken der Kollegen, dann stellen sie ihre Projekte vor:

Der Kunstpädagoge mit der Jeansjacke hat ein Projekt mit dem Namen:

„Das Partizipatorische Virtuelle Museum – Konzeption, Erstellung und Nutzung von digitalen musealen Plattformen, die auf Beteiligung von Internetnutzerinnen und – nutzern ausgerichtet sind".

Wow.

Als nächstes die dunkelhäutige Kollegin von den Feminismusstudien:

„Praxen der De-Thematisierung von Differenzierungskategorien".

Aha.

Der Amerikanistik-Kollege mit den afrikanisch aussehenden Ringen in seinen Dreadlocks:

„Social Hypertext Reader & Interactive Mapping Platform".

Puh.

Und ich habe noch nicht 'mal Fichte so richtig verstanden, glaube ich.

So zieht nun an als die Auserwählten Gottes, als die Heiligen und Geliebten, herzliches Erbarmen, Freundlichkeit, Demut.

Ich gehe in mein Büro und öffne wieder den Laptop.

Die nächste Mail, die ich lese, kommt von einer Studentin.

Sie schildert mir eine ausdifferenzierte Darstellung der koptischen Liturgie im Vergleich mit der syrisch-orthodoxen Liturgie aus ihrer Heimatstadt Hamburg.

Heute das weiße Hemd, das blaue Jackett wie immer. Und *Demut.*

Titel (→ Mittel)	(Titel ←) Mittel
Biblischer Dresscode	Präsentische Vision

Die Geliebten Gottes tragen heute *Sanftmut.*

Sie lassen sich nicht von der überarbeiteten Schwester im Krankenhaus abwimmeln.

Einer von ihnen hat vorsorglich schon einen Strauß Blumen vom Markt für sie dabei.

Die Geliebten Gottes tragen heute *Geduld.*

Eine von ihnen sitzt am Bett ihrer dementen Mutter und vervollständigt immer wieder ihre Sätze.

Schweigt lange. Liest ihr Psalm 98 vor und betet mit ihr.

Die Geliebten Gottes haben sich gut angezogen.

Einer von ihnen trägt mit der neuen Nachbarin zusammen den massiven Eichentisch in ihre neue Wohnung.

Als die Auserwählten Gottes, als die Heiligen und Geliebten tragen sie mit und *ertragen* sie *einer den andern.* Wie Christus.

Die Geliebten Gottes tragen heute nicht viel Geld in ihrem Portemonnaie mit sich herum, aber ein freundliches Wort:

für die Roma-Frau mit dem Pappbecher vor der Kirche und auf facebook für die beiden Musikerinnen, die ganz spontan in der S-Bahn in Frankfurt „Kiss" von Prince spielen.

Titel (→ Mittel)	(Titel ←) Mittel
Liebe über alles	Poetischer Rückblick

Du bist hier und ich bin hier.
Wir sind hier, an diesem Sonntag mit diesem klangvollen Namen Kantate.
Wir sind heute Morgen aufgestanden, und aus dem Spiegel schaute uns ein erwartungsvolles Ebenbild Gottes an – spiegelverkehrt, vielleicht noch ein bisschen müde.
Wir haben gebetet und wir haben Gott mit Herz und Mund gesungen, unseres Herzen Lust.
Mit einem der frühesten Kirchenlieder, die Luther geschrieben hat, haben wir uns gefreut, wir, die lieben Christen. Gemeinsam.
Vielleicht springt der eine oder die andere auch noch auf dem Nachhauseweg, dass wir getrost und all in ein mit Lust und L i e b e singen.

Über alles aber zieht an die Liebe,
… die da ist das Band der Vollkommenheit,
… die Du mich zum Bilde Deiner Gottheit hast gemacht,
… die Du mich so milde nach dem Fall hast wiederbracht.

Zur Arbeit mit der Dramaturgischen Homiletik

Das erste Semester von Alexander Deeg als Professor für Praktische Theologie in Leipzig, das Sommersemester 2011, war zugleich meine erste Begegnung mit der Dramaturgischen Homiletik im Homiletischen Hauptseminar. Und als fränkischer Wind und Geist die Leipziger Fakultät durchwehte, brachte er vor allem Visionen einer erneuerten Homiletik in ein etwas angestaubtes Paradigma jedenfalls von manchen Kanzeln des Leipzigers Umlands; Visionen davon, die Bibel nicht nur dogmatisch korrekt als das lebendige Wort Gottes zu behaupten und zu erklären, sondern Gott durch sein Wort selbst sprechen zu lassen.

Dass das nicht immer die ganz große Dichtkunst sein muss, wurde mir je deutlicher, je mehr ich mich mit der Vielfalt der Möglichkeiten beschäftigte, die Dramaturgische Homiletik bietet. Dabei vermeintlich schlicht das Bibelwort selbst in die eigene Sprache zu sprechen, mit dem Bibelwort die eigenen Worte weitersprechen und verfremden, hat sich für mich als eine praktikable und gleichzeitig immer wieder überraschende Möglichkeit herausgestellt, eine Predigt zu gestalten und mich davon zu entlasten, selbst entweder Dichter- oder gar Gotteswort sprechen zu müssen.

Anne Gidion

Pfingsten zum Klingen bringen

Predigt am Pfingstmontag zu 1. Korinther 12,4–11

Zur Predigerin

Anne Gidion, geb. 1971, ist Pastorin und seit 1. Februar 2017 Rektorin des Pastoralkollegs der Nordkirche. Vorher arbeitete sie sieben Jahre im Gottesdienstinstitut der Nordkirche.

Zum Hintergrund der Predigt

Die Predigt wurde am 16. Mai 2016 in St. Jacobi Göttingen gehalten. Der Gottesdienst am Pfingstmontag wurde als ökumenischer Festgottesdienst der ACK zum Abschluss der internationalen Händelfestspiele gefeiert.

Manuskript der Predigt

Titel (→ Mittel)	(Titel ←) Mittel
Und Pfingsten?	Hinführung, Schilderung

Liebe Gemeinde,
herrlich diese Perlenkette der Feste in der ersten Hälfte des Kirchenjahres! Weihnachten, Ostern, Pfingsten. Weihnachten strotzt von behängtem Baum und Kind in der Krippe und geheiligter Familie. Ostern hat das Kreuz und die Kerze und die Nacht und das Licht und die versteckten Eier auf der Wiese und im Wohnzimmer. Ja, und Pfingsten? Hm.

Pfingsten also. Zaghaft flattert die Taube als Symbol für den Geist. Pfingstochsen reichen in ihrer Popularität an Osterhasen und Weihnachtsmänner einfach nicht heran. Regelmäßig gibt es diese Umfragen, die besagen: Kein Mensch auf der Straße, kein Kind in der Schule weiß, was Pfingsten soll.

In Göttingen ist das natürlich anders. Zwar werden auf der Schillerwiese keine Pfingstochsen gegrillt, aber: in Göttingen spielt die Musik in den Wochen um Pfingsten. Geistliche Texte werden gesungen und von Hunderten und Tausenden begeistert gehört. Die Zahl der Menschen, die sie als Text lesen würde, stelle ich mir deutlich kleiner vor. Was begeistert zu Pfingsten daran?

In der Musik hat Text nicht das erste Wort. Der Alt hört den Sopran und lässt sich tragen vom Bass und inspirieren vom Tenor, um seine eigene Lage zu finden. Das Cello legt den Grund für Geige und Bratsche erst stabil. Im Orchester und im Chor braucht es das: hörend spielen und hörend singen. Auf die anderen bezogen sein. Die Einzelnen hören und singen und atmen und lesen Noten und übersetzen sie blitzartig in Bewegung und Klang. Und dies Bezogen-Sein überträgt sich auf die Hörenden.

Der guten Ordnung halber gibt es auch heute einen Predigttext, unvertont. Und der hört sich in meinen Ohren in diesem Jahr an wie eine Hommage auf die Musik:

Titel (→ Mittel)	(Titel ←) Mittel
Paulus schreibt an die Gemeinde in Korinth	Lesung, Übertragung

Es sind verschiedene Gaben, aber es ist ein Geist. und es sind verschiedene Ämter, aber es ist ein Herr. Und es sind verschiedene Kräfte, aber es ist ein Gott, der da wirkt alles in allem.

In einem jeden offenbart sich der Geist zum Nutzen aller. Dem einen wird durch den Geist gegeben, von der Wahrheit zu reden, dem anderen wird gegeben, von der Erkenntnis zu reden, nach demselben Geist, einem andern Glaube, in demselben Geist, einem anderen die Gabe, gesund zu machen in dem einen Geist, einem andern die Kraft, Wunder zu tun, einem andern prophetische Rede, einem andern die Gabe, die Geister zu unterscheiden, einem anderen mancherlei Zungenrede, einem andern die Gabe, sie auszulegen. Dies alles aber wirkt derselbe eine Geist und teilt einem jeden das Seine zu, wie er will.

Paulus ist dem Symbol von Pfingsten auf der Spur – das haben die gespürt, die diesen Text für Pfingsten ausgewählt haben. Paulus versucht es so: eine Gemeinde zu beschreiben, in der wirklich der Geist Gottes wirkt. Ein Bild von einer Gemeinde zu entwerfen, in dem alle einander ergänzen und das Ihre beitragen. Wie schön wäre das!

Titel (→ Mittel)	(Titel ←) Mittel
Leseversuche mit Hindernissen	Erklärung

Ich kenne keinen Ort, an dem das wirklich klappt, und ich bin ziemlich sicher: Paulus kannte seine Gemeinden und wusste, dass sie es ohne Hilfe nicht wirklich schaffen. Seine Briefe geben Einblick in das, was los war in Korinth. Vermutlich: ziemliches Chaos.

Der Korinthertext von dem *einen Geist* und den *vielen Gaben* klingt oft an in Leitbildern diakonischer Einrichtungen. Oder als Impuls für Gemeindeentwicklungswochenenden. In der Hoffnung, Gruppen würden sich darauf einstimmen. Kirchenvorstände und Mitarbeiter-vertretungen würden aufhören zu streiten und sagen: Ja, auch in dem, was Du tust, was ich völlig falsch finde und was mir endlos auf die Nerven geht, wirkt der eine Geist. Denn Du bist ja bezogen auf den einen Gott, genau wie ich. Komm, wir setzen das einfach um, was Paulus uns ins Buch schreibt.

Und dann wird der Text von den vielen Gaben bearbeitet und umformuliert, nicht mehr „die Gabe prophetischer Rede haben“, sondern „Kanons anstimmen“ oder „Konflikte moderieren“, und jeder trägt seine Fähigkeiten ein und es entsteht ein Ganzes aus vielen kleinen Teilen.
Das ist praktisch und lässt alle in Ruhe.
Was wirklich daran stört, ist das: Ein Geist, ein Herr, ein Gott. Solche Zeiten sind doch vorbei, in denen man so etwas beschwört. Oder kommen sie schon wieder? Nein, das Programm ist Vielfalt und Buntheit. Jedenfalls soll es das sein. Und wer an Leitung und Führung erinnert, dem begegnen viele mit Skepsis.

Ein *Geist* – das geht ja noch. Den kann man herbeirufen hinter den verschiedenen Bausteinen und Büffetbeiträgen. Was man Pfingsten mit ihm feiern soll, bleibt meist schwebend.

Ein *Herr* – das stört eher. Die Formulierung stört die Frau, die Synodale, die Demokratin, das Familienmitglied. Herren brauchen wir nicht. Herren sind abgeschafft. Gelegentlich helfen sie einem in den Mantel.

Ein *Gott* – nun ja. Den beschwört so mancher friedensfroh im Gespräch mit Menschen anderer Religionen. Es sei doch ein Gott. Letztlich. Irgendwo hinterm Horizont. Behaupten viele.

Titel (→ Mittel)	(Titel ←) Mittel
Dem Briefeschreiber auf der Spur	Gedanken des Paulus

Ich stelle mir vor: Paulus schreibt seine Briefe. Auch an die Korinther. Versucht, die Leute in der jungen frisch gegründeten Gemeinde beieinander zu halten. Versucht ihnen zu sagen: Das dauert hier alles nicht mehr lang. Bald kommt Jesus noch einmal wieder und Gott richtet sein Reich auf und alles wird anders.

Konzentriert Euch auf das Wesentliche. Auf den Gott hinter Euren Themen. Die Korinther gebärden sich, streiten sich, blasen sich auf, so versteht es Paulus. Der eine sagt: Nur mit Zungenreden geht Gemeinde (und ich verstehe, was ich sage und meine besten Freunde auch, wir haben also recht).

Und der andere sagt: Nur mit Geisterunterscheidung geht Gemeinde, und was ein guter Geist ist, das entscheiden wir, damit kennen wir uns aus, wir sind die Geisterscheidungsprofis, und wie wir es einschätzen, so ist es.

Ich stelle mir vor, Paulus hört davon. Hört, wie seine Korinther, die er mag und an die er häufig schreibt, sich kabbeln und querelen und besserwissern.

Titel (→ Mittel)	(Titel ←) Mittel
Die Pfingstbotschaft für die Korinther	Nacherzählung, Brief

Wie war Pfingsten eigentlich, damals, zum ersten Mal? Paulus wird ja gehört haben von dem Pfingstfest in Jerusalem. Man wird ihm erzählt haben von diesem unglaublichen Brausen in den Straßen. Als alle redeten, Menschen aus allen Himmelsrichtungen, diese Parther und Meder und Elamiter und Menschen von den Inseln, die diese komischen Dialekte sprachen, die keiner verstand.

Und dann Petrus und die anderen elf, die Mannschaft, die es nun bewegen sollte, nachdem Jesus in den Himmel gefahren war, in einer Wolke, diese also alle, die redeten von Gott und von seinem Sohn Jesus und den Wundern und wie es ist, mit Jesus unterwegs zu sein,
und es brauste und tobte nur so in den Straßen von Jerusalem und *alle verstanden* was die erzählten. Und keiner war betrunken, denn es war ja noch früh am Tag, und was sie redeten, das machte Lust auf mehr, und wie sie aussahen, wenn sie erzählten, da wäre man gerne dabei gewesen, hätte gegessen mit Jesus und wäre gewandert und hätte ihm zugehört und hätte erlebt, wie die Leute plötzlich wiedersehen und aufstehen und gehen und dazu gehören und lebendig sind wie nie zuvor, nie, nie.

Und das, Ihr lieben Korinther, schreibt Paulus, schreibt Euch hinter die Ohren: Ihr seid großartig und begabt und ihr kennt Euch aus. Aber, so leid es mir tut: Es geht nicht um Euch.
Nicht mal um Eure Begabtheiten. Sondern um den, der Euch begabt hat. Es geht um das, worauf Ihr mit Euren Gaben bezogen seid.

Titel (→ Mittel)	(Titel ←) Mittel
Kein Solo, sondern Soli Deo Gloria	Lesung, Erklärung

Was Bezogenheit betrifft, da ist die Musik der Theologie um Längen voraus. In der Musik, im Orchester, im Chor ist das Bezogen-Sein so viel leichter. Es gibt eine Partitur, es gibt eine begrenzte Zahl von Menschen, die streicht und bläst und singt und in die Tasten greift und auf die Pauke haut. Und in dieser gehobenen Form, wie zum Beispiel hier und heute, mit dieser herrlichen Kantorei heute seit 125 Jahren (!) gelingt das gut mit dem Geist der Harmonie hinter allen einzelnen Beiträgen. Bei dem Dirigenten hört die Analogie auf: Er ist natürlich nicht der eine Herr.

Aber das ist noch nicht Pfingsten. Dass alle Musik machen, davon wird es noch nicht Pfingsten, selbst in Göttingen im Mai nicht. Also: Wer ist denn nun dieser eine Herr? Wer wirkt da, dass Pfingsten passiert? Und was passiert da?

Paulus schreibt lange Briefe, zwischendrin ist er auch mal streng mit den Korinthern, ich lese aus dem Kapitel direkt vor unserer Geistpassage (1. Kor 11,17ff) und das ist für mich der Schlüssel für unseren Pfingst-Text: *Zum Ersten höre ich: wenn ihr in der Gemeinde zusammenkommt, sind Spaltungen unter euch und zum Teil glaube ich's. Wenn ihr nun zusammenkommt, so hält man da nicht das Abendmahl des Herrn. Denn ein jeder nimmt beim Essen sein eigenes Mahl vorweg und der eine ist hungrig, der andere ist betrunken. Habt ihr denn nicht Häuser, wo ihr essen und trinken könnt? Soll ich euch loben? Hierin lobe ich euch nicht.*

Denn ich habe von dem Herrn empfangen, was ich euch weitergegeben haben: Der Herr Jesus Christus, in der Nacht, da er verraten war, nahm er das Brot, dankte und brach's und sprach:

Das ist mein Leib. Für Euch. Sagt Christus. Das ist der neue Bund in meinem Blut – für Euch. Das tut wieder und wieder und immer wieder. Heute und immer. In diesem Mahl, in diesem Mahl zusammen, schreibt Paulus eindrücklich an seine Leute, da passiert, was der Geist ist und wirkt. Genau da seid Ihr aufeinander bezogen und verbunden. Wenn Ihr zusammenkommt als Gemeinde, die zu Christus gehört, als Gemeinde, die von Christus erzählt, dann sagt diese Worte und dann esst und trinkt in dieser Weise und dann haltet zusammen und denkt an ihn, denn das hat er auch getan. Für Euch und für immer. Was dort geschieht, ist unverfügbar, ist größer als Ihr.

Und dann steht da kurz danach: *Es sind verschiedene Gaben, aber es ist ein Geist… ein Gott… Ein Herr.*

Titel (→ Mittel)	(Titel ←) Mittel
Bezogen auf wen?	Fragen, Gedanken

Diesen Herrn können wir nicht selber machen, nicht mit dem saubersten A-Dur. Jesus sagt zum Abendmahl. Was Ihr da tut, das bin ich. Das ist mein Leib. Das ist mein neuer Bund. Das bin ich mit Euch. Und tut es nicht allein und tut es nicht im Stillen und tut es nicht, weil ihr etwas beweisen wollt, wie heilig und verschieden und begabt ihr seid, sondern, weil ich es Euch gebe. Und ihr es weiter gebt. Ich bin

Brot und Wein, sagt er. Und: Ich bin das, was zwischen Euch entsteht. Ich bin Eure Bezogenheit.

In diesem einen zentralen Moment sagt er: Eine Sache richtig zu machen, das ist für Menschen schon viel, im Einzelnen liegt das Ganze. Im Detail liegt das Vollkommene. Wie gesagt: Ich lese diese Einsetzungsworte als Schlüsselworte für unseren Predigttext. Ich lese das so: mein Leben leben, an meinen Gott beten, mein Geld ausgeben, meine Wohnung bewohnen, meine Kinder in der Schule begleiten – das tue ich und weiß zugleich: da sind noch andere.

Bezogenes Leben, auf den Geist hin gelebtes Leben, das heißt: Ich mach nicht einfach nur meins und das war's dann. Sondern ich habe dabei immer die Frage: Was bedeutet das, was ich tue, für die, die nicht Teil meiner Leute sind? Wodurch kann ich, wodurch können Sie, wodurch kann die christliche Gemeinde in dieser Stadt und in diesem Land mit Geist ihr Eigenes tun – und trotzdem bezogen sein auf andere, auch wenn die etwas Verschiedenes wollen, sogar etwas Verschiedenes glauben und verschiedene Sprachen reden? Die ich, die Leute und die Sprachen, noch nicht einmal an Pfingsten, alle verstehe?

Pfingstliches Leben heißt für mich: bezogenes Leben. Nicht umsonst ist Pfingsten ein Fest, das sperriger ist als das Kind in der Krippe und sogar komplexer als das leere Grab am Ostermorgen.

Pfingstliches Leben heißt: Es könnte sein, dass ich nicht nur recht habe. Es könnte sein, dass es nicht nur um mich geht. Pfingstliches Leben heißt: es gibt andere und die klingen anders, die finden anderes normal als ich, und wie kann es gehen, dass wir uns gegenseitig in all den Sprachen verstehen? Und darin bezogen und verbunden sind?

Titel (→ Mittel)	(Titel ←) Mittel
Den Pfingstklang erleben	Aufruf zur Klangperformance

Heute also, festlicher Pfingstmontag. Gottesdienst für den einen Gott, den einen Herrn, den einen Geist. Kyrie und Gloria aus der Messe haben wir schon gehört. Wir haben Gott angerufen, den Kyrios, den Herrn, den einen Herrn. Und wir haben ihm gedankt mit dem Gloria der Hirten auf dem Felde: Ehre sei Gott in der Höhe und den Menschen ein Wohlgefallen.

Weiter geht die Messe nicht heute, wir decken den Tisch nicht weiter, wir feiern kein Mahl, wir kommen nicht gemeinsam an den Tisch. Denn was am allermeisten verbindet mit dem einen Kyrios, dem einen Herrn und Gott, macht am meisten deutlich, was trennt. So sind Menschen.

Die Bezogenheit bleibt Aufgabe, sie ist noch nicht da. Wie bei Paulus.

Und deshalb ist es gut, dass wir heute feiern, als christliche Kirche im Plural, als viele Verschiedene, bezogen auf den einen Gott, den einen Geist, den einen Herrn.

Ich bin dankbar für jede Initiative, jeden Schritt in der Arbeitsgemeinschaft Christlicher Kirchen, jeden Ökumenischen Kirchentag und jede Familie, die ökumenisch zusammenhält. Für jeden mühsamen Schritt hin zum Mahl, zum bezogenen Leben, zum herausfordernden Bezogenheitsfest: Pfingsten.
Lasst uns etwas anderes tun. Lasst uns stattdessen Klang schmecken wie Brot und Wein.
Eine Communio des Klangs erleben. Ja, mit Ihnen allen. Der Dirigent Stephan Kordes weiß das schon und hat den Tönen für eine kurze Zeit freigegeben. Keine Sorge, später fängt er sie wieder ein. Ich bitte Sie, singen Sie einen Ton. Ja, auch der Chor, die Instrumente, einen Ton, Ihren, der in Ihnen jetzt gerade aufsteigt. Tönen Sie. Und hören dabei Ihrem Klang zu und dem neben Ihnen. Jeder seinen Ton, jede ihren Ton. Frei. Tun Sie es einfach. Und daraus entsteht ein Klang der Bezogenheit. Ein Pfingstklang.

Hört und schmeckt, wie freundlich Gott ist. [Klang – entstehen lassen – aushalten – langsam wieder abwinken – Pause]

Und der Friede Gottes, der höher ist als alle unsere Vernunft, segne und bewahre unsere Herzen und Sinne in Jesus Christus. Amen.

Zur Arbeit mit der Dramaturgischen Homiletik

Die Dramaturgische Homiletik habe ich im Vikariat kennengelernt im Predigerseminar Celle, damals noch als einen möglichen Entwurf ohne rechte Anschauung. Durch meine Tätigkeit im Gottesdienst-Institut lernte ich über die Konferenz der Arbeitsstellen Gottesdienst in der EKD das frisch gegründete Zentrum für evangelische Predigtkultur, Wittenberg, mit seinem damaligen Leiter Alexander Deeg kennen. Daraus entspannen sich enge Kooperationen – in drei Kontinenten und mit dem *Atelier Sprache e.V.* in Braunschweig.

Die Dramaturgische Homiletik ist für mich ein Wechselrahmen für verschiedene Bilder. Ich habe mit Kolleginnen und Kollegen in der Predigt immer wieder erlebt, wie die Idee der *Moves* die Schreibfinger beflügelt und bildhaftes Formulieren freisetzt. Dass es trotzdem eine *Structure* braucht, einen Bogen mindestens, aber doch auch einen Gedankenverlauf, das ist für manche der mühseligere Teil. Bei der Analyse von Predigten im Seminar finde ich das Werkzeug der *Moves*, der *Titel* und *Mittel*, der *Structure* ausgesprochen hilfreich. Zum Beispiel, wenn es darum geht, Gedankenfülle in einem Absatz zu reduzieren oder herauszufinden, wie viele kleine Geschichten im Mantel einer großen erzählt werden und meist zu viel sind, um es beim Hören aufnehmen zu können.

Als Predigerin hat mich schon bei ersten Versuchen im Studium gereizt, mich mit den Hörenden in biblische Szenarien hinein zu phantasieren. Ich erinnere mich an mein großes Glück bei der ersten Lektüre von „Einander ins Bild setzen“:

Es gibt einen theoretischen Rahmen für Aspekte der eigenen Intuition. Später in den USA habe ich viel performative Predigten erlebt, im Seminar und Kontext des *African American Preaching*, die in viel radikalerer Weise mündliche Rede sind. In der Aus- und Fortbildung ist mir der Kontakt zur Gemeinde, das „Du bist der Grund, dass ich rede!“ (Felix Ritter) immer wichtiger geworden. Die feinste *Structure* muss die Hörenden nicht berühren, der ziseliertteste *Move* kann auch verwirrt zurücklassen. Immer mehr bin ich vom „Ereignis Predigt“ überzeugt. Es zieht in den Bann, regt an, stößt ab, verändert, unterbricht. Insofern hat jedes Manuskript, hat jede Struktur und Formulierung Grenzen. Ich habe im Homiletischen Seminar bei Charles Campbell in Durham gehört, wie die Studierenden sich in die Mündlichkeit hineinüben, wie sie lernen, sich dabei zu zeigen und doch im biblischen Text zu bleiben.

Also: Ein großer Dank an den Jubilar und Brückenbauer zwischen *American Homiletics* und deutscher Homiletik. Und Glück und Segen. Ad multos.

Christoph Zeh

In der Liebe bleiben – oder: Von Falschparkern und Rosenkriegen

Predigt am 1. Sonntag nach Trinitatis zu 1. Johannes 4,16b–21

Zum Prediger

Christoph Zeh, geb. 1984, hat an der Augustana Hochschule Neuendettelsau und an der Friedrich-Alexander-Universität Erlangen-Nürnberg Evangelische Theologie und Christliche Publizistik studiert. Seit 2015 ist er Dorfpfarrer in der Oberpfalz und für die Gemeinden Erbendorf und Windischeschenbach zuständig.

Zum Hintergrund der Predigt

Der 1. Sonntag nach Trinitatis liegt am Ende der Pfingstferien. Viele Gemeindeglieder kehren aus dem Urlaub zurück und sind - hoffentlich - erholt und angefüllt mit Ferienerlebnissen. Andere sind Zuhause geblieben und genießen den Frühsommer.

Theologisch ist der Sonntag geprägt von einem Kernstück unseres Glaubens: Dem Zusammenhang von Gottes- und Nächstenliebe. Auf den ersten Blick scheint dieses Thema abgedroschen. Wie oft wird in unseren Kirchen von der Liebe geredet, gebetet, gepredigt, gesungen. Und doch bietet das Thema so viele Facetten: Eros und Agape, Feindesliebe, Partnerschaft und Sexualität, Missbrauch und Kontrolle, Gottes Leidenschaft *„ausgegossen in unsere Herzen"*.

Die vorliegende Predigt will mit einem humorvollen Blick auf unser Verhalten in Sachen Liebe zum Nachdenken anregen, damit die Liebe, von der wir so gerne hören und reden, nicht im Hören und Reden bleibt, sondern als Beziehungsgeschehen im Dreieck zwischen Gott - Ich–Mitmensch begriffen wird. Die Predigt will ermutigen, mit schwierigen Situationen humor- und liebevoll umzugehen, und so *in der Liebe* und damit *in Gott* zu bleiben.

Manuskript der Predigt

Titel (→ Mittel)	(Titel ←) Mittel
Der Falschparker mit der Rose in der Hand	Liedrezitation, Erlebnisbericht

Liebe Gemeinde,
gerade haben wir gesungen: „Gott liebt diese Welt. Und wir sind sein Eigen. Wohin er uns stellt, sollen wir es zeigen: Gott liebt diese Welt." Im Predigttext steigert sich diese Aussage sogar noch einmal. Gott liebt nicht nur diese Welt... ja, *„Gott ist die Liebe"*. [Pause]

Gott ist die Liebe. Und wer in der Liebe bleibt, der bleibt in Gott und Gott in ihm.

Das ist echt eine schöne Vorstellung. Das hat etwas wohliges, kuscheliges. Ganz in der Liebe bleiben. Ich in Gott und er in mir. Das wünsche ich mir. So möchte ich leben... und wenn ich es schon nicht auf Anhieb kann, dann will ich doch nach Kräften darauf hinarbeiten.

Doch kaum bin ich aus dem Schwärmen und Träumen heraus, erlebe ich eine andere Realität. Mal ehrlich: Wie lange schaffe ich es denn ganz in der Liebe zu bleiben? Ich möchte Ihnen dazu eine Geschichte zum Schmunzeln erzählen, die ich erst kürzlich selbst erlebt habe...

Wir waren in Italien im Urlaub. Und dort hatten wir eine Ferienwohnung in einem ehemaligen Pfarrhaus. Vor dem Pfarrhaus, zur Dorfkirche hin, lag ein großer Schotterplatz, auf dem wir unser Auto abstellen konnten. Am letzten Abend – es war ein warmer, sonniger Samstag – wurde die Vorabendmesse gefeiert. Alle Sachen waren schon gepackt im Auto, wir hatten gegessen und die Kinder waren fertig für die Fahrt. Doch als wir nach unten kamen und losfahren wollten, war unser Auto zugeparkt. Ein Kirchenbesucher hatte sich saublöd quer gestellt und mehrere Autos blockiert.

Zum Glück war die Messe fast vorbei... nach 5 Minuten läuteten die Glocken und die fein gekleideten Gottesdienstbesucher kamen aus der Kirche geströmt. Im Rückspiegel konnte ich sehen, dass alle eine rote Rose in der Hand hatten. Der Pfarrer hatte über die Liebe gepredigt und jeder durfte als Andenken eine Rose – die Blume der Liebe mitnehmen.

Einem älteren Herrn gefiel es aber überhaupt nicht, dass er nicht sofort losfahren konnte. Wild gestikulierend hat er mit anderen Besuchern nach dem Schuldigen gesucht. Und da kam er: Ein junger Mann... und als der seine Autotür aufsperren und wegfahren wollte, wurde er von dem älteren Herrn gestellt. Es ging hin und her mit wilden Gesten und noch wilderen Worten...

Meine Frau und ich haben uns kurz angeguckt und dachten schon wir müssten dazwischen gehen.

Was für eine herrliche Szene: Zwei Männer kommen gerade aus dem Gottesdienst, wo sie von der Liebe gehört und gesungen haben. Jetzt stehen sie sich auf dem Kirchenplatz in der orange-roten Abendsonne gegenüber, beide mit einer Rose in der Hand - und streiten!

Titel (→ Mittel)	(Titel ←) Mittel
Gar nicht so leicht	Schilderung

Wer in der Liebe bleibt, der bleibt in Gott und Gott in ihm - gar nicht so leicht! Wie gesagt: Ich will diese Szene nicht mit erhobenem Zeigefinger, sondern eher mit einem Augenzwinkern sehen. Natürlich lag die Art und Weise, wie die beiden Autofahrer da gestritten haben an der italienischen Mentalität. Und das ist auch irgendwie sehr sympathisch, finde ich.

Aber trotzdem. Dieses Bild hat sich mir sehr eingeprägt. Direkt aus dem Gottesdienst, im feinsten Sonntagszwirn noch mit der Rose in der Hand werfen sich die beiden Männer wüste Beschimpfungen an den Kopf. Ich finde, das sagt etwas aus über uns Menschen. Und über die Liebe.

Über die Liebe singen und hören und sprechen - das ist ein Leichtes und macht uns ein schönes Gefühl. Von der Liebe zu hören und zu reden weckt Sehnsucht. Ja, so will ich leben! Aber wirklich in der Liebe zu bleiben, also liebevoll zu handeln - das ist etwas ganz anderes und scheinbar richtig schwer. In der Realität des Alltags wird unsere Liebe ständig auf die Probe gestellt.

Von Kindern, die ihre Grenzen austesten. Von Partnern, die nicht immer so sind und so handeln, wie ich es mir jetzt gerade wünsche. Von Menschen, die mich mit ihrer Art und ihren Macken auf die Palme bringen. Oder eben von dem ein oder anderen Autofahrer - egal ob er falsch fährt oder falsch parkt. Und das findet auch in unserem täglichen Sprechen einen Ausdruck: „Bei aller Liebe…!", sagen wir und sind schon dabei alle Liebe links liegen zu lassen.

Titel (→ Mittel)	(Titel ←) Mittel
Liebe - zwischen Sehnsucht und Furcht	Fragen, Erklärung

Aber warum ist das denn so schwer, in der Liebe zu bleiben? Können wir nicht einfach das tun, wonach wir uns so sehnen?

Ich glaube der Predigttext führt uns auf die richtige Spur: Liebe ist nie für sich allein. Und: Liebe *hat* man nie für sich allein. Vielleicht war das der Gedanke der Gottesdienstbesucher mit ihrer Rose? *Wer in der Liebe bleibt, der bleibt in Gott und Gott in ihm.* Das bedeutet: Liebe ist kein Besitz, sondern immer ein Beziehungsgeschehen. Zunächst die Beziehung zwischen Gott und Mensch. Aber gleich im nächsten Schritt natürlich die Beziehung zwischen Mensch und Mensch.

Dies Gebot haben wir von ihm, dass, wer Gott liebt, dass der auch seinen Bruder liebe.

Liebe ist also nicht nur Hören und Reden, kein eigener Besitz, nichts was wir festhalten oder mitnehmen könnten wie eine Rose. Liebe ist Beziehung und Tat. Wer in der Liebe bleiben will, der muss in Beziehung treten und liebevoll handeln. Gegenüber Gott und gegenüber seinem Nächsten. Und das ist natürlich alles andere als leicht. Denn wer in Beziehung zu einem anderen tritt, der lässt einen anderen immer nahe an sich heran. In Beziehung sein macht angreifbar und verletzlich. Was denkt der andere wohl über mich? Vielleicht sieht er ja meine Fehler und Schwächen. Vielleicht erwidert der andere mein Beziehungsangebot nicht und ich werde enttäuscht... Da kommt es plötzlich nicht mehr nur darauf an, dass ich selbst in der Liebe stehe, sondern dass auch der andere mir liebevoll begegnet.

Zu Lieben, in Beziehung zu treten und sich auf den Andern einzulassen, das ist immer ein Wagnis. Und dieses Wagnis produziert Furcht. Viel einfacher und vermeintlich sicherer wäre es, kalt und lieblos zu bleiben, denn dann sind wir nicht angreifbar. Dann brauchen wir keine Angst zu haben, enttäuscht oder verletzt zu werden. Aber genau das wollten wir doch nicht! Wir sehnen uns ja nach Liebe.

Und im Predigttext hören wir: *Die Liebe kennt keine Furcht.*

Titel (→ Mittel)	(Titel ←) Mittel
Wenn die Liebe keine Furcht kennt	Vision

Stellen Sie sich vor, wir könnten wirklich so in Gottes Liebe bleiben! Was wäre das für eine Welt. Eine Welt ohne Furcht, weil die Liebe alle Furcht ausgetrieben hat.

Keiner hat mehr Furcht zu kurz zu kommen, weil alle gleich geliebt werden. Keiner hat mehr Furcht vor der Zukunft – wie soll alles nur werden? – weil wir selbst voller furchtloser Liebe daran bauen. Keiner hat mehr Furcht vor dem Tod. Nicht vor unserem eigenen und nicht vor dem unserer Liebsten, denn wir wüssten sicher, dass wir in Gottes Liebe ganz geborgen und aufgehoben sind und dass der, der uns wunderbar geschaffen hat niemals fallen lässt. *Die Liebe kennt keine Furcht.*

Titel (→ Mittel)	(Titel ←) Mittel
Der Schlüssel: Gott hat zuerst geliebt	Zusage

Wir brauchen Liebe. Nur wer Liebe empfangen hat, kann später auch Liebe geben. Und Gott hat den Anfang gemacht: *Gott hat die Welt zuerst geliebt.*

Wir haben uns am Anfang der Predigt gefragt: Wie kann es gelingen in der Liebe zu bleiben? Wie kann unser Gebet auch zu echtem Handeln in Liebe werden? Dieser eine Satz ist für mich der Schlüssel: *Gott hat die Welt zuerst geliebt.*

Das bedeutet: Gott sieht die Welt – und in ihr alles, was er geschaffen hat – mit liebevollem Blick an. *Und Gott sah, dass es sehr gut war,* heißt es bei der Schöpfung. Und so geht es auch weiter: Über allen Hass und allen Streit der Menschen hinweg hält Gott an seiner Liebe fest. Schließlich schreibt er sich voller Liebe in die Geschichte der Menschen ein. Er wird selbst Mensch in Jesus Christus. So verbindet er sich und uns. Deswegen können wir bei ihm und in ihm sein und bleiben. Denn: *Gott hat die Welt zuerst geliebt.*

Titel (→ Mittel)	(Titel ←) Mittel
40 Jahre mehr Erfahrung!	Humorvolles Replay

Könnten wir das auch schaffen? Unsere Welt, unseren Nächsten und uns selbst mit Gottes liebevollem Blick ansehen? Sicher keine leichte Aufgabe. Aber wenn wir nicht auf unsere eigene Furcht und Verletzlichkeit schauen, sondern versuchen den Anderen mit Gottes Augen zu sehen. Dann sind und bleiben wir in seiner Liebe und sie in uns.

Ich stelle mir die Szene in Italien auf dem Schotterplatz hinter der Kirche noch einmal vor... wie sähe das aus, wenn die Gottesdienstbesucher ihre Liebe nicht wieder an der Kirchentür abgelegt hätten, sondern in der Liebe geblieben wären?

Sicher hätte sich der Herr, dessen Auto zugeparkt war trotzdem fürchterlich ärgern müssen. Weil es ja auch wirklich rücksichtslos war, aus Bequemlichkeit fünf Autos zu zuparken. Und sicher hätte sich der junge Mann, der sich so saudumm hingestellt hat, trotzdem ertappt gefühlt, weil er gemerkt hat, dass sein Parkplatz nicht der richtige war.

Aber vielleicht hätte der Herr mit der Rose ja einfach einmal tief durch geschnauft und sich gedacht: „Auf die drei Minuten kommt es heute Abend auch nicht an. Ich habe es nicht eilig und warte einfach bis der andere sein Auto weggefahren hat." Und vielleicht hätte der Herr dem jungen Mann ja sogar die Rose geschenkt – mit einem Lächeln – und gesagt: „Wissen Sie was, Sie haben das hier völlig falsch gemacht! Wenn Sie nur zwei Meter weiter hinten gestanden hätten, dann hätten Sie noch zwei Autos mehr blockieren können... wenn Sie mögen, lade ich Sie zum Kaffee ein und weihe Sie in die Kunst des Falschparkens ein – ich habe nämlich 40 Jahre mehr Erfahrung als Sie."

Ich glaube ganz fest: Die Liebe macht uns nicht nur frei von Furcht, sondern auch frei dazu, mit schwierigen Situationen kreativ und humorvoll umzugehen. Dann sehen wir die Welt und uns Menschen mit anderen Augen – vielleicht ja sogar mit Gottes liebevollem Blick.

Amen.

Zur Arbeit mit der Dramaturgischen Homiletik

Meine erste Begegnung mit der Dramaturgischen Homiletik hatte ich als Student in Erlangen. Dort besuchte ich das Seminar bei Professor Martin Nicol und seinem damaligen Assistenten Alexander Deeg. Von Anfang an hat mich die kreative und offene Herangehensweise an das Predigtgeschehen sehr angesprochen. Besonders in Erinnerung geblieben ist mir der Umschlag mit dem Predigttext, den wir für unseren ersten Versuch bekommen haben. Mit der klaren Anweisung: „Dies ist etwas ganz Besonderes. Zelebrieren Sie das Öffnen! Suchen Sie sich einen ruhigen Moment und lassen Sie sich ganz auf die Begegnung mit dem Text ein!"

Bis heute habe ich mir diese gewisse „Feierlichkeit" in der Begegnung mit dem Text bewahrt. Selbstverständlich in abgeschwächter Form – der Fülle an Aufgaben im Pfarramt geschuldet.

Was mir ebenfalls bis heute als sehr hilfreich erhalten geblieben ist, sind die verschiedenen Blickwinkel, mit denen ich einen Predigttext durchleuchte.
Von der historisch-kritischen Seite, vom Proprium des Sonntags aus, von der Gemeinde her gedacht und natürlich mit meinen eigenen Gefühlen und Assoziationen. Sie tragen erheblich zur Klärung bei und bewahren davor, eine ganze Predigt auf einer – eventuell wackligen – fixen Idee aufzubauen.

Die Einteilung in *Moves & Structure* ist ein hilfreiches Instrument, um nachvollziehbar und abwechslungsreich zu predigen.

Für ein wirkliches *einander* ins Bild setzen, wünschte ich mir manchmal mehr kritische Rückmeldungen und ein offenes Gespräch über eine Predigt. Denn obwohl ich das allgemeine Priestertum sehr hochschätze und meine Gemeindeglieder gerne dazu ermuntere zum theologischen Diskurs beizutragen, erlebe ich als Landpfarrer doch eine gewisse Asymmetrie. Vor allem setze ich dabei wohl meine Hörerinnen und Hörer in das Bild, das ich mir erarbeitet habe – und das mit Hilfe des Heiligen Geistes in der Gemeinde angekommen ist. Schön, wo ein echter Austausch stattfindet und man wirklich miteinander ins Gespräch kommt über die Worte, Bilder und Geschichten der Bibel. Denn nur da gelingt es ja wirklich, das *einander* ins Bild setzen.

Lisa Heußner

Von der Entdeckung des Guten im Bösen

Predigt am 4. Sonntag nach Trinitatis zu Römer 12,21

Zur Predigerin

Lisa Heußner, geb. 1984, hat an der Friedrich-Alexander-Universität Erlangen Theologie studiert. In den Jahren 2013–2015 hat sie ihr Vikariat in Estenfeld bei Würzburg absolviert. Seit 2015 arbeitet sie als Pfarrerin in der Gemeinde Markt Taschendorf - Gleißenberg.

Zum Hintergrund der Predigt

In den Wochen vor diesem Gottesdienst hatte im Juni/Juli 2014 der Nahost-Konflikt in Israel einen traurigen Höhepunkt erreicht, als drei jüdische und ein palästinensischer Jugendlicher Opfer der Gewalt der verschiedenen Interessenslager wurden. Das alttestamentarische Prinzip *„Auge um Auge – Zahn um Zahn"* erschien mir hier auf besonders zynische und grausame Weise umgesetzt zu werden. Auch viele meiner Gemeindeglieder in Estenfeld, einem Vorort von Würzburg, blieben von der politischen Situation in Israel nicht unberührt, das spürte ich in ganz alltäglichen Gesprächen während meiner Arbeit.

Der liturgische rote Faden des Gottesdienstes am 4. Trinitatissonntage stand in deutlichem Gegensatz zur politischen Gegenwart: *Seid barmherzig, wie auch euer Vater barmherzig ist. Richtet nicht, so werdet ihr auch nicht gerichtet. Verdammet nicht, so werdet ihr nicht verdammt. Vergebet, so wird euch vergeben.* (Lk 6,36–37). Inhaltlich stellt schon das Evangelium des Sonntages die vergebende Barmherzigkeit ins Zentrum: Einzig Gott ist es, der richten kann. Darum ermutigt Jesus zum Vergeben: Wer aus dem Bewusstsein lebt, dass Gott ihm barmherzig entgegenkommt, der kann versuchen, versöhnt zu leben. Das Predigtwort aus dem Römerbrief, entstammt einer Paränese des Paulus, die in der für diesen Sonntag vorgesehenen Perikope (Röm 12,17–21) in einer Ermahnung des Paulus zur Feindes- und Nächstenliebe mündet, welches seinen Höhepunkt im Schlusssatz findet: *Lass dich nicht vom Bösen überwinden, sondern überwinde das Böse mit dem Guten* (Röm 12,21).[1] Auch aufgrund seines Bekanntheitsgrades bietet es sich an, diesen Satz als Leitwort für die Predigt zu nutzen. Vertraute Worte der Bibel treffen so auf die vermutlich eher komplizierten Fragen der Hörerinnen und Hörer in der damaligen politischen Lage.

Mir erschien es gerade in dieser Situation als spannend und wichtig, auch einmal die Fragen nach Macht und Politik sowohl in unserem Land, als auch in einer globalisierten Welt homiletisch wahrzunehmen.[2] Die vorliegende Predigt will die Hörerinnen und Hörer entdecken lassen, dass es – zeichenhaft für Gottes Gegenwart in der Welt – Menschen gibt, die das Gute und Friedvolle in ihr trotz allem Bösen, trotz allem Krieg und entgegen aller Umstände siegen lassen.

Manuskript der Predigt

Titel (→ Mittel)	(Titel ←) Mittel
Lebt mit allen Menschen in Frieden!	Lesung mit Hinführung

Liebe Gemeinde!
Lebt mit allen Menschen in Frieden, forderte Paulus von seinen zerstrittenen Gemeindegliedern in Rom. Er rief sie zur Vergebung gegenüber Feinden auf. *Lass dich nicht vom Bösen überwinden, sondern überwinde das Böse mit dem Guten!* Dieser Satz ist eines meiner liebsten Bibelworte. Schon oft habe ich gedacht, wie viel besser wäre die Welt, wenn die Menschen einander vergeben könnten, anstatt Rachegelüste und Hass regieren zu lassen! Ich selber zweifle aber manchmal, ob das immer möglich ist. Besonders in den vergangenen Tagen. Ich frage mich, ob man überhaupt immer vergeben – mit allen Menschen in Frieden leben kann? Gibt es nicht vielleicht einen Punkt, an dem auch ich sagen würde: *Auge um Auge, Zahn um Zahn!*

Titel (→ Mittel)	(Titel ←) Mittel
Der Sieg des Bösen?	Reportage I

Ich weiß zum Beispiel nicht, wie ich als Mutter oder Schwester dieser drei Jugendlichen denken würde: Gilad, Naftali und Eyal sind tot. Am 12. Juni waren die israelischen Schüler auf dem Heimweg von ihrer Talmud-Schule nahe Hebron im Westjordanland verschwunden. Einer der Jugendlichen hatte noch einen Notruf

1 Schnelle, Udo, Einleitung in das Neue Testament, Göttingen 2005, 137.
2 Nicol, Martin, Einander ins Bild setzen. Dramaturgische Homiletik, Göttingen ^{2}2005, 97.

an die Polizei absetzen können, flüsterte ins Handy: „Ich wurde entführt!" Doch der Anruf versetzte die Entführer vermutlich in Panik. Kurz darauf erschossen sie die Schüler, verscharrten ihre Leichen auf einem Feld. Gilad und Naftali wurden 16 Jahre alt. Eyal wurde 19. Vor zwei Wochen hat man sie auf einem Friedhof zwischen Tel Aviv und Jerusalem nebeneinander begraben. „Ruhe in Frieden, mein Kind", sagte Naftalis Mutter mit tränenerstickter Stimme bei der Beerdigung, „wir müssen lernen, ohne dich zu leben." Eyals Vater brachte von Weinkrämpfen gebeutelt nur diesen einen Satz hervor: „Du warst deinen Brüdern ein Vorbild, wir vermissen dich jetzt schon." Könnte man zu den Angehörigen der Opfer in ein paar Jahren voller Überzeugung sagen: Lasst euch nicht vom Bösen überwinden, sondern überwindet das Böse mit dem Guten!

Titel (→ Mittel)	(Titel ←) Mittel
Auge um Auge - Kind um Kind	Reportage II

Andererseits: Das alttestamentarische Prinzip *Auge um Auge - Zahn um Zahn*, welches ursprünglich einmal Gerechtigkeit herstellen sollte, haben jüdische Siedler vergangene Woche leider sehr genau genommen. Eine weitere Mutter stand vor dem Grab ihres 16-Jährigen Sohnes. Der Palästinenser Mohammed wurde mit Benzin übergossen und bei lebendigem Leib verbrannt. Seine Schmerzensschreie waren im ganzen Gebiet hörbar. *Auge um Auge - Zahn um Zahn* - Kind um Kind. Kann diese Mutter überhaupt noch in Frieden mit ihren Mitmenschen leben? Könnte man ihr irgendwann damit kommen: *Lass dich nicht vom Bösen überwinden, sondern überwinde das Böse mit dem Guten!*

Titel (→ Mittel)	(Titel ←) Mittel
Kindereinfache (Kriegs)Logik	Erzählung

Allerdings haben wir in der letzten Woche gesehen, wohin es führt, wenn ein Racheakt auf den anderen folgt. Die israelische Armee hat in den vergangenen Tagen bereits über 1220 Ziele im Gazastreifen bombardiert. Dutzende Menschen bezahlten es mit ihrem Leben. Und auch in Tel Aviv ertönte der Luftschutzalarm in den vergangenen Nächten. Raketen der Hamas aus dem Gaza-Streifen schlugen auf israelischer Seite ein. Eine Schülerin von mir - Reena, dunkle Augen, schmale Lippen - fasst mit 10 Jahren in einfache Worte, was Zeitungsredakteure, Nachrichtensprecher und Politiker derzeit nicht auszusprechen wagen: „Ich mache mir Sorgen. Frau Heußner. Sorgen, wenn ich fernsehe. Das ist nämlich ganz schlimm in Israel! Dort führt ein Streit zum nächsten. Meine Mama sagt, bald bricht Krieg aus. Ich glaube ein Krieg führt zum nächsten Krieg und dann gibt es irgendwann vielleicht sogar einen Weltkrieg! Irgendwer muss doch mal damit aufhören, Gott findet das sicher doof!"

Auge um Auge – Zahn um Zahn – Rakete um Rakete. Wenn man das sieht, möchte man den Menschen in Israel und Palästina schon zurufen: *Lasst euch nicht vom Bösen überwinden, sondern überwindet das Böse mit dem Guten!* Schließlich begreift das sogar ein Kind!

Titel (→ Mittel)	(Titel ←) Mittel
Auge um Auge – Waffe um Waffe!	Dialog mit Paulus

Doch ist es nicht irgendwie unrealistisch in so einer Situation, einfach aufzuhören – kindlich-naiv eben? Dieser Meinung sind auch Christen, wenn auch eher die Erwachsenen. Zum Beispiel Bundespräsident Joachim Gauck. Er fordert von Deutschland eine größere Bereitschaft zur Beteiligung an internationalen Militäreinsätzen. Er glaubt: „Im Kampf für Menschenrechte oder für das Überleben unschuldiger Menschen ist es manchmal erforderlich, auch zu den Waffen zu greifen." Erscheint es mir nicht manchmal selbst christlich-naiv die rechte Wange auch noch hinzuhalten? Was sagt mir mein Gewissen, was sagt mir Gott? Paulus was würdest du sagen? Wäre das nicht der Versuch, das Böse mit Bösem zu überwinden – mit dem Ergebnis: *Auge um Auge* – Waffe um Waffe? Paulus, du warst schließlich der Meinung, dass das Böse nur mit dem Guten überwunden werden kann. Doch dazu braucht es auch Menschen, wie ihr Jünger und Apostel es einst ward. Menschen, die ein klares Friedenszeugnis in der Welt abgeben. Menschen, die den ersten Schritt zur Vergebung machen, wo Versöhnung notwendig ist.

Titel (→ Mittel)	(Titel ←) Mittel
Begrabene Friedensträume. Weitergeträumt.	Schilderung eines Dokumentarfilms

Es braucht Menschen wie Yael, die Hauptprotagonistin des Dokumentarfilms: „Nach der Stille". Ihr Ehemann Dov wurde von einem palästinensischen Selbstmordattentäter aus dem Leben gesprengt: "Dov, pass auf dich auf", sagte sie ihm noch, bevor er zum Mittagessen ging – er kam nicht mehr zurück. Dov war Friedensaktivist, sein ganzes Leben lang hatte er für eine Verständigung zwischen Juden und Arabern gekämpft. "Er hatte immer den Mut zu träumen", sagt Yaël. Nach seinem Tod hatte Yael zu kämpfen. Mit ihrer Trauer. Mit ihrem Zorn. Mit ihren Rachegefühlen. Mit der Stille in ihrem Haus. Doch irgendwann fängt sie wie Dov an zu träumen. Zu träumen von einer Geste der Versöhnung. Sie will sich mit den Eltern des Mörders ihres Mannes treffen. Im Film sieht man, wie Yael mit sich ringt. Wie sie sich fragt, ob sie das Richtige tut? Ob sie überhaupt bereit ist, zu vergeben? Und dann ist der Tag gekommen. Yael steht im Haus des Selbstmordattentäters. Sie nimmt die Hand seiner Mutter in ihre Hand und lässt sie nicht mehr los. Sie begreift: Die Mutter hat auch jemanden verloren. Mutter, sagt Yael zu ihr! Sie weinen zusammen. Auge um Auge – Träne um Träne. Im Nachhinein sagt Yael: „Zu vergeben war, als würde ich ein Buch schließen, und ein anderes öffnen. Ich bin den Weg meines Mannes weitergegangen, ihm dadurch näher gekommen als je zuvor".

Titel (→ Mittel)	(Titel ←) Mittel
Dass Frieden werde unter uns!	Zeugnis

Liebe Gemeinde, ich weiß nicht, ob ich wie Yael handeln könnte, ob ich das durchstehen würde. Aber Yael hat sich nicht vom Bösen überwinden lassen. Sie hat das Böse mit dem Guten überwunden! Yael hat ihren Hass vergessen, den alten Weg verlassen und neu begonnen. Ein Zeichen des Friedens gesetzt. Dovs Traum vom Frieden wurde mit ihm nicht begraben, er wurde mit schier übermenschlicher Kraft von Yael weitergeträumt. Was Yael getan hat, war göttlich. Ich glaube, dass es Menschen wie Yael braucht, damit es Frieden gibt, damit sich irgendwann Himmel und Erde berühren. Amen.

Zur Arbeit mit der Dramaturgischen Homiletik

Meine Leidenschaft galt im Theologiestudium im praktischen Bereich zunächst vor allem der Seelsorge. Das Homiletik-Seminar bei Professor Martin Nicol und Professor Alexander Deeg war für mich zunächst eine Pflichterfüllung auf dem Weg zum Examen. Zu dieser Zeit war ich auch noch keine begeisterte Predigthörerin. In den Liedern und der Liturgie der Gottesdienste fühlte ich mich zu Hause. Die Predigten langweilten mich oft und es fiel mir schwer, den theologischen Reflexionen über Bibelworte zu folgen, die scheinbar so wenig mit meinem Leben zu tun hatten. Der wöchentliche Seminarbesuch wurde für mich allerdings entgegen meiner Erwartungen zu einem Ereignis, bei dem ich es lernte „Predigen als Kunst unter Künsten" wahrzunehmen.[3] Die Seminarstunden wurden für mich dank der dort besprochenen *Predigtmoves* zum Musik-Konzert, zum Kinofilm, zum Museumsbesuch, zum Poetry-Slam... Und sie waren damit alles andere als langweilig! Je mehr ich mich mit dem Ansatz der Dramaturgischen Homiletik im Vikariat vor allem praktisch beschäftigte, desto mehr lernte ich ihn lieben.

Als Predigerin möchte ich heute gemeinsam mit den Hörern Gottes Wirklichkeit in der Wirklichkeit der Welt entdecken. Mit anderen – meinen Gottesdienstbesuchern, meinen Kollegen – auch weiterhin durch Gespräche im Alltag, durch aufmerksames Zuhören was sie beschäftigt, durch gemeinsame Bibel-

3 Nicol, Bild, 29–37.

auslegen im Wechselschritt zur Kanzel zu gehen, bestimmt nach wie vor meine Predigtarbeit. Dies bedeutet für mich auch, sich den oft gegenläufigen Bedingungen dieser Welt zu stellen. So stelle ich mir häufig die Frage, wie ich innerhalb einer Predigt die Spannung zwischen dem *Schon-Jetzt* und dem *Noch-Nicht* glaubwürdig zur Sprache bringen kann, so dass der Hörer die Wirklichkeit als einen Ort wahrnehmen kann, an dem Gottes Gegenwart zeichenhaft erkennbar ist.

Auch die vielseitigen methodischen Wechselschritte, die verschiedenen Räume und Kunstformen sind mir unverzichtbar geworden, um in der Sprache der Bibel meine eigene Sprache zu finden. Darüber hinaus hat die Dramaturgische Homiletik meine Lesart biblischer Texte an sich grundlegend verändert. Auch zehn Jahre nach dem Seminar, inszeniere ich die Begegnung mit dem Bibelwort für den kommenden Sonntag für mich selber neu, setze mich in Ruhe, wie von Martin Nicol damals empfohlen, an einen geliebten Ort (im Sommer ist es die Hängematte unter meinen Apfelbäumen) und lese Wort für Wort wie eine Kostbarkeit, wie ein Geheimnis auf das ich furchtbar neugierig bin. Auch mein persönlicher Glaube wurde durch diese für mich tief spirituelle Arbeit am Bibelwort gestärkt. Bei allem ist es mir ein Herzensanliegen geworden, mein Erleben von Gottes Wirklichkeit in der Welt auch für andere sichtbar zu machen, wenn dies auch oft nur zeichenhaft gelingt! Zugleich empfinde ich es als großes Geschenk, Gottes Wirklichkeit in der Welt in meiner Arbeit auch einmal durch die Augen der anderen sehen zu dürfen.

Manacnuc Lichtenfeld

Lobet den Herrn, alle Heiden

Predigt am 6. Sonntag nach Trinitatis zu Psalm 117,1–2

Zum Prediger

Manacnuc Mathias Lichtenfeld, geb. 1963 in Papua Neuguinea, hat in Neuendettelsau, Kiel, Tübingen, Adelaide (Australien) und Erlangen Theologie studiert. Im Rahmen seiner Tätigkeit als Wissenschaftlicher Assistent am Lehrstuhl Praktische Theologie in Erlangen von 1990–1996 war er an den Anfängen der Dramaturgischen Homiletik beteiligt. Seit 2012 ist er Rektor des Predigerseminars der bayerischen Landeskirche in Nürnberg mit Schwerpunkt Gottesdienst, Gemeindeentwicklung und Pastoraltheologie.

Zum Hintergrund der Predigt

Der Gottesdienst in Nürnberg St. Lorenz am 27. Juli 2014 wurde vom Lorenzer Bachchor unter Leitung von KMD Matthias Ank mitgestaltet, der die Motette „Lobet den Herrn, alle Heiden“ von J. S. Bach (BWV 230) aufführte. Daher ist die folgende Predigt als Motetten-Predigt vor dem Hintergrund von Psalm 117 zu verstehen.

Manuskript der Predigt

Titel (→ Mittel)	(Titel ←) Mittel
Wie das große Lob Gottes in der Kürze leicht wird…	Hinführung mit mehrmaliger Lesung

Liebe Gemeinde in St. Lorenz,
der kürzeste Psalm in der Bibel! Nur zwei Verse umfasst unser Predigttext für diesen

Motetten-Gottesdienst: der 117. Psalm, den uns der Bachchor unter Leitung von Matthias Ank gerade mit großer Ausdruckskraft zugesungen hat. Zwei kurze Verse!

Zum Vergleich: der 119. Psalm, nur zwei Nummern weiter, ist mit 176 Versen der längste in der Bibel. Hätte Bach diesen Psalm in derselben Weise vertont, so müsste der Chor jetzt noch über drei Stunden weiter singen. Schade eigentlich – oder Ihr Glück, je nachdem, was Sie heute noch vorhaben …

Heute also Psalm 117 in aller seiner Kürze:

Lobet den Herrn, alle Heiden, und preiset ihn, alle Völker! /Denn seine Gnade und Wahrheit waltet über uns in Ewigkeit. Alleluja.

Ob kurz oder lang: die Psalmen der Bibel enthalten alles, was über Gott und die Welt zu sagen und zu singen ist. Vom Lob der ganzen Schöpfung bis zur bitteren Klage, die jedes Lied verstummen lässt. Vom überbordenden Jubel – das Meer soll brausen und die Bäume Ströme in die Hände klatschen (Ps 98,7 f) – bis hin zum Schrei der nackten Verzweiflung: „*Mein Gott, mein Gott, warum hast du mich verlassen?*“ (Ps 22,2) In den Psalmen steckt alles drin, was unser Leben ausmacht. Sie halten zusammen, was wir in Wirklichkeit oft nicht mehr aushalten können: die Berg- und Talbahnen dieses Lebens, die Sternstunden und dunkelsten Momente der Weltgeschichte, von „himmelhoch jauchzend“ bis „zu Tode betrübt“.

Lobet den Herrn, alle Heiden, und preiset ihn, alle Völker! /Denn seine Gnade und Wahrheit waltet über uns in Ewigkeit. Alleluja.

„Was ist das für ein gewaltiges Brausen, das da mit dieser Motette Johann Sebastian Bachs über uns hereinbricht!“ – so beschreibt einer diese Musik: „Welch vielgestaltiges Stimmengefüge! Welch atemberaubende harmonische Architektur! Welch ein Tempo, welch ein Rhythmus, welch eine tänzerische Leichtigkeit, ja welch ein Swing in dieser geradezu göttlichen Musik!“.[1] Seit ich als Kind diese Motette zum ersten Mal gehört und mitgesungen habe – mit dem Windsbacher Knabenchor unter Hans Thamm, damals noch im Knabensopran –, seitdem ist Gottes Lob für mich mit diesen Klängen und Worten verbunden. Und mit einem unglaublichen Gefühl von Leichtigkeit.

Titel (→ Mittel)	(Titel ←) Mittel
Aufgerufen zum gemeinsamen Lob	Beschreibung, Erklärung

Zwei Psalmverse! Und doch eröffnen sie schon im ersten Teil der Bibel den Blick auf eine Zukunft, die zur großen Hoffnung im Judentum wie im Christentum wird: dass einmal alle Völker im Lob des einen Gottes zusammenkommen.

1 Herlyn, Okko, Predigt über Ps 117 mit der Motette „Lobet den Herrn, alle Heiden“ am 28.4. 2013 in der Ev. Kirche am Bielert in Leverkusen-Opladen: http://www.predigtpreis.de/predigtdatenbank/predigt/article/predigt-ueber-psalm-117-mit-der-motette-lobet-den-herrn-alle-heiden-j-s-bach.html (abgerufen am 21.7.2014).

Über die Zahlensymbolik in Bachs Motette könnte man eine eigene Predigt halten. Allein das Anfangsthema im Sopran, das dann durch alle Chorstimmen wandert: in drei Anläufen schwingt es sich in die Höhe, mit federnder Leichtigkeit von der Erde bis in den Himmel, über eineinhalb Oktaven hinweg. Zwölf Stufen der Tonleiter: die stehen nicht nur für die zwölf Apostel, die Gottes Lob in aller Welt verbreiten sollen, wie wir im Evangelium gehört haben. Sondern – die Mathematiker unter uns werden es bestätigen können – zwölf ist auch das Produkt aus drei mal vier: Die Herrlichkeit des dreieinigen Gottes sollen wir in alle vier Himmelsrichtungen, bis an die Enden der Erde bezeugen und hinaussingen. So lange, bis alle Chorstimmen, bis alle Völker und Nationen von diesem Gotteslob in Bewegung gesetzt sind und mit ihren ungezählten Zungen und Sprachen, vielstimmig und doch in Harmonie und Einklang, einmünden in diesen Lobgesang: *Denn seine Gnade und Wahrheit waltet über uns in Ewigkeit.* Das *Alleluja* der Schlussfuge im tänzerischen Dreiertakt will fast nicht mehr enden, in allen Stimmen läuft es durch viele Tonarten, und am Ende dreht sich das Thema sogar noch um: Auch alle Gegensätzlichkeiten werden aufgehoben im Lob Gottes! Da ist nur noch Freude und Jubel.

Was für ein Aufruf, liebe Gemeinde, was für eine kühne Vision: *Lobet den Herrn, alle Heiden, und preiset ihn, alle Völker!* Nicht nur das auserwählte Volk Gottes, nicht allein die, die Gott schon immer auf ihrer Seite wissen. Auch keine alleinseligmachende Kirche. Nein, es heißt: *Lobet den Herrn, alle **Heiden**, und preiset ihn, alle **Völker**!*

Dabei waren die Völker, die das alte Israel umringten und ganz andere Götter verehrten, auch damals schon todfeindlich gesinnt. Nein, das ist keine realitätsferne Illusion, die wir einfach als fromme Parole abhaken können. Gerade *weil* die Bibel die Wirklichkeit dieser Welt so gut kennt, die Zerrissenheit der Völker und Nationen, die ewige Spirale von Hass und Gewalt und Gegengewalt, besser noch als jede aktuelle Tageszeitung: gerade *deshalb* werden wir mit dem Volk Israel zu solch unerhörter Vision aufgerufen, zu diesem unglaublichen Zutrauen: dass da ein Gott ist, dessen Macht noch weiter reicht und länger währt, dessen *Gnade und Wahrheit* – wörtlich dessen *Treue – über uns waltet in Ewigkeit.* Deshalb: *Lobet den Herrn, alle Heiden, und preiset ihn, alle Völker!*

Titel (→ Mittel)	(Titel ←) Mittel
Eines Tages werden sie alle in das Lob Gottes miteinstimmen	Kontrast, Vision

Keine gegenseitigen Kriegsrufe, kein Kampfgeschrei, keine Bürgerkriege mehr. Kein „Gott mit uns“ als Reisesegen in diesen grauenvollen Ersten Weltkrieg, als ob derselbe Gott nicht auch mit den Brüdern in den Schützengräben drüben auf der anderen Seite wäre. Kein Sirenengeheul in Tel Aviv und keine Bomben auf

UN-Schulen, in denen Tausende Männer und Frauen und Kinder Zuflucht suchen. Keine Trümmer- und Leichenfelder mehr von abgeschossenen Linienflugzeugen. Und keine Flüchtlingszüge mehr von Menschen, die mit ihrer Heimat alles verloren haben und nicht wissen, ob sie die Fahrt übers Mittelmeer überleben.

An Stelle all dieser täglichen Bilder des Grauens: Gemeinsames Lob des *einen* Gottes, der in die Freiheit führt. Dessen Gnade und Wahrheit walten und regieren in Ewigkeit, länger und mächtiger als jedes Unrechtsregime dieser Welt. Gemeinsames Lob des dreieinigen Gottes, gesungen von Männern und Frauen aus aller Herren Länder, von Kindern und Greisen, Schwarzen und Weißen, Muslimen, Juden und Christen, ja auch von denen, die heute noch sagen angesichts der Gottesfinsternis dieser Welt, es gebe keinen Gott. *Alle* werden sie miteinstimmen und dieses *Halleluja* singen.

Titel (→ Mittel)	(Titel ←) Mittel
Augen und Ohren auf für das Lob Gottes schon jetzt?!	Kurzporträts, Frage

Liebe Gemeinde, wir brauchen solche brausenden Lobgesänge wie heute, gerade weil die Bilder dieser Welt uns oft zum Verstummen bringen – so wie das holländische Volk am nationalen Trauertag letzten Mittwoch.[2] Wir brauchen dieses „*Lobet den Herrn*" – nicht um unsere Augen zu verschließen und ‚abzuheben' aus der Wirklichkeit, die uns umgibt. Sondern um uns die Augen und Ohren neu öffnen zu lassen für die Bilder und Geschichten der ganz anderen Wirklichkeit Gottes. Einer Wirklichkeit, auf die wir noch warten voller Sehnsucht, bis sie endlich voll und ganz offenbar wird. Die wir aber doch schon entdecken können hier und da, in den kleinen Bildern und Geschichten des Lebens zwischen den großen Schlagzeilen:

Vielleicht die Geschichte von *Abu Omar* und *Dudu*, vorgestern auf Seite Drei in der *Süddeutschen Zeitung:* Der junge Syrer, der den Untergang seines mit 500 Flüchtlingen hoffnungslos überladenen Schiffes im Mittelmeer überlebt hat, weil er ein kleines schwarzlockiges Mädchen retten musste. ‚Nicht *ich* habe das Mädchen gerettet', sagt er, das sich in den Wellen auf seinen Rücken und um seinen Hals geklammert hatte; ‚sondern *Dudu*, das Mädchen, hat mich gerettet.' Ohne die verzweifelte Hoffnung, wenigstens dieses kleine Menschenleben über Wasser zu halten, wäre er mit all den anderen Opfern untergegangen. „In Os-

2 Nationaler Trauertag der Niederlande am 23.7.2014 nach Abschuss einer malaysischen Passagiermaschine über der Ostukraine mit 298 Toten, darunter allein 193 niederländische Opfer.

nabrück beginnt er nach langem Asylverfahren endlich neue Wurzeln zu schlagen, und langsam fühlt er sich wieder wie ein Mensch."[3]

Oder *Belma*, die junge muslimische Bosnierin, die uns auf einer Studienfahrt der Vikarinnen und Vikare vor zwei Jahren durch ihre Heimatstadt Sarajevo geführt hat: natürlich auch an die Straßenecke, wo vor 100 Jahren die tödlichen Schüsse auf den österreichischen Thronfolger fielen und der Erste Weltkrieg seinen Anfang nahm, dessen Spätfolgen wir in den vielen Konflikten und Bürgerkriegen weltweit bis heute spüren. Auch die Einschusslöcher der Granaten vom Bosnienkrieg vor 20 Jahren sind immer noch in den Hauswänden zu sehen. Aber Belma zeigt uns auch die neu aufgebaute Nationalbibliothek, den ganzen Stolz der geschundenen Stadt, und sie führt uns nicht nur in ihre Moschee, sondern genauso in die katholische Kirche der Kroaten und zum serbisch-orthodoxen Priester. Der gegenseitige Hass im Land ist noch längst nicht überwunden. Aber die junge Bevölkerung will nichts anderes, als in Frieden miteinander leben, und sie tun es mit großer Zuversicht und Lebensmut. *Belma* heißt „Sonnenschein": Der Name ist Programm, Hoffnung einer ganzen Generation.

Und wenn *viele von uns* in den nächsten Wochen in Urlaub fahren: Staunen wir eigentlich noch darüber und sind dankbar, dass wir hier seit bald 70 Jahren in Frieden und Freiheit leben, seit 25 Jahren in einem wiedervereinten Land? Und in einem geeinten Europa, wo wir, allen Krisen zum Trotz, von Portugal bis Finnland, von Zypern bis Estland mit ein und derselben Währung zahlen können?

Titel (→ Mittel)	(Titel ←) Mittel
Mehr als Worte des Gotteslobs	Erlebnisbericht

Eine letzte Hoffnungsgeschichte: *Claus Westermann* erzählt sie, einer der großen theologischen Lehrer des 20. Jahrhunderts, der ganzen Pfarrergenerationen das Alte Testament und gerade die Psalmen neu nahegebracht hat. In einer letzten Predigt kurz vor seinem 90. Geburtstag 1999 – die nie gehalten wurde, weil er bald darauf verstarb – schreibt er über den letzten Psalm der Bibel, wo zum Lob Gottes auch noch die Pauken und Trompeten und was weiß ich welche Instrumente hinzukommen:

„Wenn ich den Psalmenschluss mit dem Dazugehören der vielen Instrumente zum Gotteslob lese, muss ich an eine Orgel denken. Das war gegen Ende des [sc. Zweiten Welt-]Krieges an der Südfront im Osten. Das deutsche Heer hatte sich aufgelöst, es gab keine Führung mehr und nichts zu essen. Jeder versuchte einzeln, sich nach dem Westen abzusetzen. Ich war bis an die Grenze gekommen, die Brücke über die Oder stand noch. Ich erreichte die Stadt Glogau, völlig

3 Klein, Stefan, Der Schiffbruch, in: SZ vom 25.07.2014, 3. (Die Namen der Asylsuchenden wurden von der Redaktion geändert.)

erschöpft, am Rande meiner Kräfte. Ich kam vor eine Kirche, sie war offen. Ich betrat sie, eine leere Kirche. Als ich den Mittelgang nach vorn betrat, setzte die Orgel ein und spielte nach einem kurzen Vorspiel den Choral: *Großer Gott, wir loben dich ...!*, der ja dem Schluss der Psalmen nahe steht. Ich setzte mich und hörte zu. Die Orgel mit ihrem Lied sprach zu mir. Damals erfuhr ich, was das eigentlich bedeutet: Gott loben. Was der Dichter und der Komponist mit dem Choral gemeint haben, haben sie aus den Psalmen vernommen; aber die Orgel hat zu mir gesprochen, die Orgel verband mich in diesem Augenblick mit der Kette, die bis zu den Psalmen reichte. Beim Ausgang traf ich den jungen Organisten. Er war zum Heer abberufen und wollte von seiner Orgel Abschied nehmen. Wir grüßten uns. Ein jeder ging seinen Weg."[4]

Wenn *wir* unsere Wege gehen in diesen Wochen – wohin auch immer: Welche Melodie wird uns begleiten? Und mit welchen Worten werden wir uns grüßen?

Lobet den Herrn, alle Heiden, und preiset ihn, alle Völker! / Denn seine Gnade und Wahrheit waltet über uns in Ewigkeit. Alleluja. Amen.

Zur Arbeit mit der Dramaturgischen Homiletik

Als letzter Assistent von Manfred Seitz (1928–2017, emeritiert 1994) hatte ich das große Glück, dass Martin Nicol mich nach seiner Berufung nach Erlangen quasi mit dem Lehrstuhl zusammen übernahm als seinen ersten Assistenten. So kam ich vom klassischen *Homiletischen Exerzitium*, das ich mit Seitz jahrelang geübt und gelehrt hatte, mitten hinein in die *New Homiletics*, die Nicol frisch aus den USA mitbrachte und mit großem Elan und Tatendrang umzusetzen begann: *Preaching from Within!* Entsprechend spannend waren die ersten Homiletischen Seminare mit den Studierenden, Gehversuche hin zu einer sich immer deutlicher konturierenden Dramaturgischen Homiletik: Ereignis Predigt – Reden gestalten – Weltwirklichkeit Gottes wahrnehmen – Biblische Texte erleben – Geschichten und Szenen erzählen – Homiletische Architektur gestalten... – so waren die einzelnen Schritte des ersten Seminars im WS 1994/95 überschrieben. Ich selber konnte zur Weiterentwicklung nicht mehr viel beisteuern. Zusammen mit meinen Nachfolgern Bernhard Petry und vor allem Alexander Deeg hat Martin Nicol seitdem eine Predigt-Schule etabliert, die aus der homiletischen Landschaft im deutschsprachigen Raum nicht mehr wegzudenken ist. Als Vikar und langjährigen Gemeindepfarrer in Aschaffenburg hat sie meine Predigtarbeit – ohne das gründliche *Exerzitium* aufzugeben – stark inspiriert und begleitet, nicht zuletzt dank meiner Lehrvikarinnen, die dramaturgisch-homiletisch hoch motiviert aus

4 Westermann, Claus, Predigtmanuskript zu Ps 150 von 1999, zit. n. Rudolf Landau (Hg.), Und seine Güte währet ewiglich. Predigten und Bilder zu den Psalmen, Stuttgart 2000, 12.

dem Studium kamen. Die homiletische Ausbildung in unserem Nürnberger Predigerseminar ist grundsätzlich offen für alle Schulen, so wie die Vikarinnen und Vikare aus allen homiletischen Himmelsrichtungen kommen. Wer aber aus Erlangen – oder Leipzig – kommt, hat in der Regel gelernt, sich und die Gemeinde *ins Bild setzen* zu lassen vom biblischen Wort, künstlerisch mit Sprache umzugehen und *Moves* zu gestalten – und dass die Predigt keine Vorlesung ist! An den Fragen der trotzdem notwendigen *Structure* arbeiten wir weiter. Und sind so in bewusster Zeitgenossenschaft experimentell unterwegs auf der Suche nach Gottes Weltwirklichkeit – als „Leseakt“ im aufgeschlagenen Buch der Bibel ebenso wie im „Buch des Lebens“ (Klaus Raschzok).

Bernhard Petry

Jeden Tag ist Wahlsonntag

Predigt am 17. Sonntag nach Trinitatis zu Johannes 9,32–41

Zum Prediger

Dr. Bernhard Petry, geb. 1964, ist Pfarrer der Evangelisch-lutherischen Landeskirche in Bayern und Vorstandsvorsitzender der Evangelischen Schulstiftung in Bayern.

Zum Hintergrund der Predigt

Die Predigt wurde am Wahlsonntag im September 2013 gehalten. Es handelte sich um eine Gottesdienstvertretung. Die Gottesdienstgemeinde ist durch Diakonie geprägt. Sie gehört zu den kirchlich hochverbundenen, Fachbegriffe wie Dogmatik und Ethik sind vielen Gottesdienstbesuchern vertraut. Der Gottesdienst wird auch in ein Krankenhaus und zwei Altenheime übertragen.

Dass ich versuchen würde den Predigttext aus der Perspektive des Wahlsonntags zu deuten, war mir, so vermute ich, schon klar, bevor ich überhaupt den Predigttext kannte. „Was kann das Bibelwort zur politischen Verantwortung des Christenmenschen an einem Wahlsonntag beitragen?", ist für mich die homiletische Ausgangsfrage. Lesen Sie selbst, was dabei herausgekommen ist.

Dass ich die Predigt schriftlich ausformuliert habe, lässt mich vermuten, dass ich sie mit Vorlauf verfasst habe, weil in der Woche vor der Predigt so kurz nach dem Ende der Sommerferien dafür keine Zeit war. Entsprechend sind einige Sätze doch mehr Schreibe geworden als mir lieb ist.

Manuskript der Predigt

Titel (→ Mittel)	(Titel ←) Mittel
Wahl mit Durchblick	Aktueller Einstieg mit Fragen

Liebe Gemeinde!
Wir hatten die Wahl. Wir haben die Wahl. Seit Wochen werben Parteien und Kandidaten um unsere Stimme. Sie stellen sich vor als Person und mit dem, wofür sie als gewählte Abgeordnete eintreten wollen. Sie nutzen Veranstaltungen, Wurfsendungen, persönliche Kontakte, Fernsehen, Hörfunk, Presse und und und.

Die Situation wirkt auf den einen oder die andere, die politisch nicht ganz so euphorisch interessiert sind, vielleicht tendenziell unübersichtlich. Wo genau liegen denn nun die Unterschiede zwischen den Bewerbern? Manchmal wirken die geradezu marginal als würden sie künstlich aufgeblasen. Wie genau soll die Wählerin und soll der Wähler sich als Laie denn ein eigenes Urteil bilden bei Problemlagen, die so komplex sind, dass nicht einmal die Volksvertreter sich sicher sind, ob sie das alles wirklich noch begreifen? Woher also kommt mir da der Durchblick? Wie komme ich zu einer klaren Sicht?

Ums Sehen und ums nicht Sehen, um die klare Sicht und um den rechten Durchblick geht es in unserem heutigen Predigttext.

Titel (→ Mittel)	(Titel ←) Mittel
ÜberzeugungsTäter	Reflexion

Der Predigttext schließt ein langes Kapitel im Johannesevangelium ab. Das ganze Kapitel berichtet in mehreren Szenen von der Heilung eines Blindgeborenen durch Jesus.

Der gesamte Bericht ist eingezeichnet in die theologische Auseinandersetzung Jesu mit den Pharisäern, also mit der mächtigsten religiösen Instanz des damaligen Judentums. Das leitende Interesse des Evangelisten ist dabei dogmatischer Natur; es geht also um den Glauben: Durch den Bericht über die Heilung und in der Auseinandersetzung mit den Pharisäern soll gezeigt werden, dass Jesus der Menschensohn ist, der versprochene Erlöser.

Zwei zentrale religiöse Überzeugungen der Pharisäer werden anhand der Heilung diskutiert und vom Kopf auf die Füße gestellt.

Die 1. Überzeugung: Es gibt einen Zusammenhang zwischen Krankheit und Schuld, zwischen Tun und Ergehen. Nicht immer kann man so ganz genau sagen, wie beides zusammenhängt, aber der Zusammenhang ist vorhanden.

Die 2. Überzeugung: Der Sabbat und das damit verbundene Regelwerk der rabbinischen Tradition sind unbedingt strikt einzuhalten. Also darf man am Sabbat z. B. auch nicht heilen.

Beide Überzeugungen werden nun anhand der Blindenheilung diskutiert. Dabei werden in den verschiedenen Szenen unterschiedliche Personen immer wieder vor die Wahl zwischen zwei Alternativen gestellt. Ich will ihnen das Wichtigste kurz nacherzählen.

Titel (→ Mittel)	(Titel ←) Mittel
Die Qual der Wahl	Nacherzählung in szenische Episoden

1. Szene – 1. Wahl
Am Straßenrand sitzt einer, der ist blind auf die Welt gekommen. Fangfrage der Pharisäer an Jesus: Wer hat gesündigt? Er selbst? Oder seine Eltern? Eine 3. Möglichkeit gibt es nicht. Wähle!

Jesus wählt. Er positioniert sich klipp und klar. Aber anders als erwartet. Er findet die 3. Möglichkeit. Weder noch. Er gibt der Blindheit eine ganz andere Bedeutung: Die Werke Gottes sollen durch sie offenbar werden. Und dann schmiert er dem Mann einen Brei aus Spucke auf die Augen und schickt ihn zum Teich, um sich sauber zu machen.

2. Szene – 2. Wahl
Jetzt hat der Blinde die Wahl: Macht er's oder macht er's nicht? Versetzen wir uns bitte für einen Moment in die Situation. Vergessen Sie bitte für einen Moment, dass das eine Jesusgeschichte ist, die in der Bibel steht. Das alles weiß der Blinde und wissen die anderen nämlich auch nicht.

Für die muss das ungefähr so gewesen sein: Nürnberg, Fußgängerzone. Und dann kommt da so ein Typ daher, verbreitet schräge Ansichten und spukt dann auch noch in einen Blumenkübel und schmiert den ekligen Brei, den er da anrührt so einem armen, blinden Kerl, der da rumsitzt einfach ins Gesicht. Finden Sie das toll? Oder täten Sie da nicht auch am liebsten sofort dazwischen gehen?

Worauf ich hinaus will: Die naheliegende Reaktion des Blinden wäre eigentlich gewesen, um Hilfe zu schreien. Aber er entscheidet sich anders, warum auch immer, er macht das, was Jesus von ihm will – und wird sehend.

3. Szene – 3. Wahl
Der blind Geborene wird von den Pharisäern befragt. In der 3. Szene erfahren wir, dass die Heilung an einem Sabbat geschah. Die Pharisäer müssen sich entscheiden, was sie davon halten sollen.

Sie haben die Wahl zwischen zwei Möglichkeiten: Möglichkeit 1: Wer sich nicht an den Sabbat hält, kann nicht von Gott sein. Möglichkeit 2: Wer nicht von Gott kommt, kann zu solchen Handlungen nicht in der Lage sein. Sie befragen den blind Geborenen. Dem, der gerade noch blind war, fällt die Entscheidung nicht schwer. Klarer Fall: Der Mann hat mich sehend gemacht. Der Mann ist ein Prophet, was denn sonst!

Für die Pharisäer ist das aber nicht so eindeutig. Sie geraten über ihrer Urteilsbildung in Streit und so kommt Möglichkeit 3 zustande: Der war gar nicht wirklich blind!

Also werden – 4. Szene – 4. Wahl – die Eltern des blind Geborenen verhört. Die wirken eingeschüchtert. Die scheinen zu spüren, dass das Ganze hier deutlich zu ihrem Nachteil enden kann. Sie haben die Wahl: Zu wem sollen sie sich halten? Halten sie zu ihrem Sohn? Freuen sie sich mit ihm, dass er endlich sehen kann? Schlagen sie sich auf seine Seite und damit auf die dieses sonderbaren Jesus? Oder begeben sie sich auf die vermeintlich sichere Seite derer, die etabliert sind und die Macht haben? Die Eltern geben ihrer Furcht nach und wählen die sichere Seite: Fragt ihn doch selbst, er ist ja schließlich alt genug.

Und so folgt, in der 5. Szene, der selbstbewusste Auftritt eines Mannes, der seine Wahl längst getroffen hat. Man muss sich das noch einmal klar machen. Bis vor kurzem galt er als ein von Gott geschlagener, von Gott bestrafter Sünder. Bis vor kurzem stand er am Rande der Gesellschaft. Und jetzt hat er den Schneid, sich mit der Elite der damaligen jüdischen Gesellschaft auf selbstbewusste Weise anzulegen.

In seiner Argumentation dafür, dass es gar nicht anders sein kann, als dass dieser Jesus von Gott gesandt ist, setzt er die Pharisäer argumentativ derart k.o., dass denen nur noch bleibt, die Achtung ihrer formalen Autorität einzufordern und den Blindgeborenen hochkant hinaus zu werfen: „Was bildest Du dir eigentlich ein?“

Titel (→ Mittel)	(Titel ←) Mittel
Sind wir denn auch blind?	Lesung mit Rahmen

Jesus geht dem Geheilten nach und dieser bekräftigt noch einmal seine Wahl: *Ja, Herr, ich glaube.*

Und nun folgt der Abschnitt, den wir als Predigttext gehört haben:
Wir wissen, dass Gott die Sünder nicht erhört; sondern den, der gottesfürchtig ist und seinen Willen tut, den erhört er. Von Anbeginn der Welt an hat man nicht gehört, dass jemand einem Blindgeborenen die Augen aufgetan habe. Wäre dieser nicht von Gott, er könnte nichts tun.

Sie antworteten und sprachen zu ihm: Du bist ganz in Sünden geboren und lehrst uns? Und sie stießen ihn hinaus. Jesus hörte, dass sie ihn ausgestoßen hatten. Und als er ihn fand, fragte er: Glaubst du an den Menschensohn?

Er antwortete und sprach: Herr, wer ist's, auf dass ich an ihn glaube? Jesus sprach zu ihm: Du hast ihn ja gesehen, und der mit dir redet, der ist's.

Er aber sprach: Herr, ich glaube. Und er betete ihn an. Und Jesus sprach: Ich bin zum Gericht in diese Welt gekommen, auf dass die da nicht sehen, sehend werden, und die da sehen, blind werden.

Das hörten einige der Pharisäer, die bei ihm waren, und sprachen zu ihm: Sind wir denn auch blind? Jesus sprach zu ihnen: Wärt ihr blind, so hättet ihr keine Sünde; weil ihr aber sagt: Wir sind sehend, bleibt eure Sünde.

Jesus stellt den Zusammenhang von Schuld und Krankheit, von Tun und Ergehen vom Kopf auf die Füße: „Ihr meint, Blindheit sei Ausdruck von Schuld. Nein, weit gefehlt. Sehen können, sehen können, was ich predige und was ich tue, aber trotzdem nicht sehen wollen, dass ich der Erlöser bin und gleichzeitig weiter zu behaupten, man sei sehend, gleichzeitig weiter zu behaupten, in religiösen Dingen Orientierung geben zu können – damit lädt man Schuld auf sich."

Titel (→ Mittel)	(Titel ←) Mittel
Hilft der Glaube mich zu orientieren?	Reflexion, Fragen

Wie gesagt: In der ganzen Geschichte um den blind Geborenen geht es darum, gegenüber dem etablierten Judentum zu zeigen, dass Jesus der versprochene Retter ist. Das ist das leitende Interesse.

Wir sind in einer völlig anderen Situation. Wir sitzen ja vermutlich als Christenmenschen in diesem Gottesdienst, sonst wären wir – nehme ich an – nicht hier. Wir gehören also schon zu denen, die glauben, dass Jesus der Christus ist. Mit uns muss der Jesus der biblischen Geschichte ja darüber gar nicht mehr streiten.

Deshalb frage ich mich, ob das, was Jesus in Bezug auf den rechten Glauben, die Dogmatik, formuliert, nicht auch eine tiefe Weisheit enthält für unser Handeln, für die Ethik.

Was folgt aus dem Glauben an Jesus den Christus? Welches Handelns hilft, in Übereinstimmung mit diesem Glauben zu leben. Was steckt darin möglicherweise sogar an Orientierung für einen Wahlsonntag?

Titel (→ Mittel)	(Titel ←) Mittel
Wir haben die Wahl	Reflexion, Anapher und Variation

Ich würde jetzt nicht so weit gehen zu behaupten, dass man das, was ich jetzt sage, direkt aus diesem Kapitel im Johannesevangelium ableiten kann.

Aber naheliegend finde ich es trotzdem, dass auch im Handeln von Christenmenschen dies als Maßstab gilt: Sehen können, aber nicht sehen wollen und trotzdem zu behaupten, man sei sehend – damit lädt man möglicherweise Schuld auf sich.

Eigentlich zu wissen, was richtig ist, aber sich, aus welchen Gründen auch immer, dagegen zu entscheiden.

Eigentlich zu wissen, was richtig ist, aber, warum auch immer, anders zu reden oder anders zu handeln, damit lädt man möglicherweise Schuld auf sich.

Wir haben die Wahl. Immer.
Wir haben immer die Wahl, zu tun, was wir im Lichte unseres Glaubens als richtig ansehen, zu tun und uns einzusetzen für das, was den Menschen und dem Leben dient.
Wir haben immer die Wahl.

Manchmal ist uns der Preis zu hoch.
Manchmal wissen wir es eigentlich besser, aber wir haben vielleicht zu viel Angst vor den Konsequenzen oder sind zu bequem.
Und dennoch haben wir die Wahl. Immer.
Hoffentlich finden wir oft genug die Kraft, sehend das Richtige zu tun. Amen.

Zur Arbeit mit der Dramaturgischen Homiletik

Martin Nicol hat mich schon als Student im Grundstudium für die freie Rede begeistert. Ich erinnere mich noch gut an mein erstes Referat nach meinem Wechsel an eine andere Uni. Im alttestamentlichen Seminar ging es um die Hermeneutik Rudolf Bultmanns. Ich hatte dafür eine Viertelstunde Zeit. Natürlich habe ich das Referat frei gehalten. Trotz meiner einleitenden Vorwarnung hat gefühlt die Hälfte der Kommilitonen meine Ausführungen schlicht verschlafen. Bis sie gemerkt hatten, dass es schon losgegangen war, obwohl ich kein Blatt Papier in der Hand hatte, war alles vorbei.

Als ich dann einige Jahre später als Pfarrer z.A. Assistent des noch relativ frisch gebackenen Professors Martin Nicol wurde, wurde mir schnell klar, dass es inzwischen längst nicht mehr nur darum ging, allenfalls mit einem Stichwortzettel ausgestattet auf die Kanzel zu steigen. Seine Grundidee einer vom Paradigma des Films inspirierten Homiletik rannte bei mir offene Türen ein. Ich war schließlich noch nie davon überzeugt gewesen, dass ein gelehrter Vortrag am Sonntagmorgen der homiletischen Weisheit allerletzter Schluss sein sollte.

Mein erster Live-Eindruck vom Prediger Nicol in einer brechend vollen Kirche zu Münchaurach bleibt mir unvergessen. Der Satz „Da steht er der hagere Mann“ hat eine unauslöschliche Bild- und Tonspur in mein Gedächtnis gegraben.

Es war ein Geschenk an der weiteren Ausarbeitung des Konzepts und, vor allem, dessen Didaktisierung im Homiletischen Seminar mitarbeiten zu können. Und auch die bescheidene Geburtsstunde des Titels „Einander ins Bild setzen" bei einer Tasse Tee ist mir noch in Erinnerung geblieben.

Was mir leider nicht vergönnt war, ist die Dramaturgische Homiletik im Alltag des Gemeindepfarrers zu erproben. Gleich nach meiner Zeit am Lehrstuhl bin ich in die Fortbildungs- und Beratungsarbeit gegangen. Dadurch habe ich eine nur sehr gelegentliche Predigtpraxis. Das, finde ich, ist etwas vollkommen anderes.

Meine wenigen Predigten entstehen in meiner Freizeit. Ich habe den Luxus, mit längerem Vorlauf einen Predigttext in mir Wirken lassen zu können. Irgendwann stellt sich dann eine Predigtidee ein. Sie wächst in mir heran, eher beim Gehen oder Rad fahren als am Schreibtisch. Irgendwann steht dann ein Aufbau, aber ohne Papier und Stift oder PC. Das Maximum ist ein zu Papier gebrachter Mind-Map, die Äste ergeben die *Moves*, die Stichworte liefern den Inhalt. Mir dann noch einmal selbst über die Struktur und die verwendeten Mittel Aufschluss zu geben – nein, da feile ich dann lieber an meinen Handouts oder Flipcharts für mein nächstes Seminar. Deshalb bin ich den Herausgeberinnen dankbar, dass sie sich die Mühe gemacht haben, meine Struktur zu rekonstruieren.

Ich muss zugeben, dass ich bei Predigerinnen und Predigern, die jünger sind als ich, mit der Frage unter der Kanzel sitze, ob sie wohl von der Dramaturgischen Homiletik inspiriert sind. Leider dauert es in der Regel nicht lange, bis ich diese Frage verneinen kann. Einmal aber hörte ich mit großem Genuss eine Radiopredigt. „Wenn das nicht…", kam es mir in den Sinn. Als am Ende der Name der Predigerin genannt wurde, musste ich schmunzeln. Ich kannte ihren Namen noch vom Homiletischen Seminar.

Alexander Deeg

Sympathisch werden – oder: Was ein kleiner Prophet von einem großen Fisch lernen kann

Predigt am 21. Sonntag nach Trinitatis zu Jona 2,1–11

Zum Prediger

Prof. Dr. Alexander Deeg, geb. 1972, ist Pfarrer der Evangelisch-Lutherischen Landeskirche in Bayern und hat als Assistent bei Martin Nicol die Dramaturgische Homiletik mitentwickelt. Er ist seit 2011 Inhaber des Lehrstuhls für Praktische Theologie an der Universität Leipzig.

Zum Hintergrund der Predigt

Die vorliegende Predigt wurde im Leipziger Universitätsgottesdienst am 21. Sonntag nach Trinitatis, 16. Oktober 2016, im Rahmen der Predigtreihe „Und der Wolf wird beim Lamm weilen ... Eine Predigtreihe über Menschen und Tiere in der Bibel Israels" gehalten.

Martin Nicol allein gebührt die Ehre, die Dramaturgische Homiletik ins Leben gerufen zu haben.[1] Und dennoch: In den Jahren meiner Assistentenzeit am Lehrstuhl für Praktische Theologie in Erlangen (2000–2009) ist dieses Kind Nicols doch zu *unserem Kind* geworden.[2] Es waren erstaunliche Jahre in den Wechselschritten von Homiletik & Didaktik, von Kreativität & Theologie, in denen sich diese Homiletik entwickelte – und wir uns mit ihr. Mit Martin Nicol galt es in jenen Jahren, Derrida zu lesen und aus Schaumstoff-Schwimmnudeln „*Moves*" für die homiletische Werkstatt zu basteln – um das Spannungsfeld, in dem sich unsere gemeinsame Arbeit bewegte, einmal etwas polar zum Ausdruck

1 Vgl. Nicol, Martin, Einander ins Bild setzen. Dramaturgische Homiletik, Göttingen ^{2}2005.

2 Vgl. besonders Nicol, Martin / Deeg, Alexander, Im Wechselschritt zur Kanzel. Praxisbuch Dramaturgische Homiletik, Göttingen ^{2}2013.

zu bringen. Was nützt die beste Homiletik, wenn ihr nicht auch eine überzeugende Didaktik entspringt?

Jetzt ist die Dramaturgische Homiletik fünfzehn geworden … ‚Unser Kind' geht eigene Wege – und erfreut uns doch immer wieder selbst. Wenn dies auch für die folgende Predigt gelten würde, die ich dem Predigtliebhaber und Predigtkritiker Martin Nicol widme und in der ich versuchsweise schon auch ins Bild, vor allem aber in den Fisch gesetzt habe, dann wäre das Ziel dieses Wiederabdrucks in jeder Hinsicht erfüllt.

Manuskript der Predigt

Titel (→ Mittel)	(Titel ←) Mittel
Geschaffen, besungen, gefangen, gegrillt – Fische in der Bibel und der große Fisch des Jona	Nacherzählung, Humor

Liebe Gemeinde,
Fische kommen in der Bibel nicht gerade häufig vor. Und spielen dort meist keine wirklich großen oder aktiven Rollen. Fische werden in der Bibel geschaffen am fünften Tag, dreimal besungen in den Psalmen, gefangen von Petrus, dem Fischer, gegrillt vom auferstandenen Jesus und seinen Jüngern am Ufer des Sees Genezareth. Geschaffen, besungen, gefangen, gegrillt – das ist die Karriere der Fische in der Bibel.[3]

Sie sind alles in allem Objekte, mit denen etwas geschieht. In gewisser Weise gilt das sogar für den bekanntesten Fisch der Bibel – den Fisch des Jona. Von ihm wissen wir, dass er ein großer Fisch war – ein *dag gadol*, wie es im Hebräischen heißt. Und dass Gott mit ihm spricht – und der große Fisch exakt das tut, was Gott von ihm fordert.

Titel (→ Mittel)	(Titel ←) Mittel
Der große Fisch, der kleine Prophet – und wir	Kontrast, Frage

Damit wird der große Fisch zum genauen Gegenbild des kleinen Propheten. Mit dem, mit Jona, spricht Gott auch – aber Jona will alles, alles nur nicht das tun, was Gott von ihm verlangt.

---

3 Im Nachgang zu dieser Predigt wurde ich – zu Recht darauf aufmerksam gemacht, dass ich die Fische in den neutestamentlichen Speisungserzählungen (Mk 6,31–44p) vergessen habe. Das, was ich im Folgenden über die Fische in der Bibel sage, gilt aber auch unter Einbeziehung dieser Erzählungen.

Jona, der Fisch – und wir? Mit uns spricht Gott schon auch. Jedenfalls ist das die evangelische Grundüberzeugung. Im Gottesdienst, da redet Gott mit uns durch sein heiliges Wort, sagt Luther. Auf den Worten der Bibel liegt die Verheißung, dass sie zu Gottes Wort werden können – für uns. Und auch in einer Predigt kann das geschehen – wer weiß: vielleicht sogar in dieser. Und dann lautet die Frage: Sind wir wie der große Fisch oder wie der kleine Prophet?

Titel (→ Mittel)	(Titel ←) Mittel
Eine der prominentesten Nebenrollen der Geschichte	Skizzen aus der Wirkungsgeschichte, Zitate

Liebe Gemeinde. Lediglich zwei Erwähnungen des großen Fisches im zweiten Kapitel im Buch des Propheten Jona haben für eine Weltkarriere gereicht. Eine Karriere über den christlich-jüdischen Kontext hinaus. Im Koran wird der Prophet Jona in sechs Suren erwähnt und teilweise nur „der Mann des Fisches" (21,87) genannt, beziehungsweise „der Gefährte des großen Fischs" (68,48). Da ist der Fisch nicht mehr der Fisch des Jona, sondern umgekehrt: Jona ist der Mann des Fisches.

Der Fisch spielt zweifellos eine der prominentesten Nebenrollen, die die Bibel zu vergeben hat. Seine Wirkungsgeschichte ist immens. Von großer Kunst bis zu kleinem Kinderlied. Frau Acksteiner, die heute schon gelesen und gesungen hat,[4] hatte ich gebeten, mal nach Jona im Liedgut zu recherchieren. Dabei zog sie u. a. folgendes poetische Juwel ans Licht – ein Kinderlied, das dem Fisch des Jona eine Stimme gibt. Ich zitiere:[5]

> 1. Da rutscht etwas durch meinen Schlund – schwapp daba daba du die
> Ich glaube, das ist ungesund – schwapp daba daba du die
> Ich bin ja schließlich nur ein Wal, ein Mensch im Bauch ist eine Qual. Schwapp dab du die
>
> [Beim Zitat der drei weiteren Strophen werde ich auf alle Schwapp-daba-du-dies verzichten …]
>
> 2. Der Mann da drin ist abgehau'n – Der hatte wohl kein Gottvertrau'n.
> Und jetzt ist er in meinem Bauch in großer Not und ich bin's auch.
>
> 3. Moment! Ich höre ein Signal – Gott spricht zu mir, dem blauen Wal.
> Er sagt: „Schwimm hin zum nächsten Land und spuck den Jona an das Land!"
>
> 4. „Hey Jona! Alter Freund! Bye bye! – Jetzt sind wir beide froh und frei.
> Und wenn ich dir was raten kann, lauf Gott nicht weg, sei doch ein Mann."

4 Henrike Acksteiner ist Studentin der Theologie und Hilfskraft am Institut für Praktische Theologie in Leipzig.

5 Hella Heizmann (Melodie) und Johannes Jourdan (Text). Das Lied findet sich z. B. in dem Liederbuch „Bärenstark und kinderleicht" und ist so auch auf CD greifbar – sowie im Internet recherchierbar.

Eindrucksvoll stellt auch das Kinderlied die beiden gegenüber: den Propheten, der wegläuft – und den Fisch, der hinhört.

Titel (→ Mittel)	(Titel ←) Mittel
Was der Fisch (nicht) getan hat...	Nacherzählung, Humor

... und der ansonsten – Gott sei Dank – zwei Dinge nicht tut: Er hat den kleinen Propheten, der ins Mittelmeer geworfen wurde, zwar verschlungen, aber nicht zerkaut und zerkleinert. Und dann saß der Prophet in seinem Bauch, im Leib des Fisches, drei Tage und drei Nächte, und der Fisch hat den kleinen Propheten nicht ansatzweise verdaut.

Aber das eine hat der Fisch eben doch getan: *Und der Herr sprach zu dem Fisch, und der ... (Jona 2,11)* – gehorcht aufs Wort. Er ist da, wo der Herr ihn braucht. Im rechten Moment am rechten Ort. Er wird zu Gottes Mitarbeiter, zum Lebensretter in seinem Auftrag.

Titel (→ Mittel)	(Titel ←) Mittel
Die Botschaft ausrichten?	Innerer Monolog, Gedankenspiele

Und der kleine Prophet? Man könnte sich über ihn lustig machen. Und so ist die Jona-Novelle auf den ersten Blick ja auch angelegt. Ein großer Fisch versteht mehr als ein kleiner Prophet. Aber das ist nur der erste Blick. Schaue ich genauer hin, verstehe ich Jona nur zu gut. Ja, er soll rettend eingreifen. Aber wie? Gottes Wort soll er ausrichten. Aber keine frohe Botschaft, kein beruhigendes Trostwort: *Mache dich auf und geh in die große Stadt Ninive und predige wider sie; denn ihre Bosheit ist vor mich gekommen (Jona 1,1).* Auf die Ansage von Gottes Gericht hat Jona keine Lust. Wie gut ich ihn verstehe! Die Gefahr steht im Raum einfach verlacht zu werden von der bösen Stadt Ninive. Als Spinner bezeichnet zu werden. Die Gefahr, sich zu blamieren mit einer Botschaft von Gott, die nicht in die Zeit passt. Und das alles wäre ja eher noch die harmlose Variante dessen, was mit Jona geschehen könnte.

Die Werbekampagne, liebe Gemeinde, die in diesen Tagen zum Reformationsjubiläumsjahr gestartet wurde, hat auf den Berliner Fernsehturm die Frage projiziert: „Wie kommt mehr Himmelsblau ins Alltagsgrau?" Die Antwort auf eine solche Frage könnte ja auch lauten: Durch einen Wellnessurlaub oder ein prickelndes Mineralwasser, ein gutes Buch oder einen Besuch im Gewandhaus. Hatten wir mal eine Botschaft, die die Welt unterbricht? Und das Leben von Menschen vom Kopf auf die Füße stellt? Eine Botschaft, die nicht ein wenig Himmelsblau im Alltagsgrau verspricht, sondern Menschen befreit – endlich befreit – von all dem Kreisen um sich selbst, um die eigene Lebenssteigerung, die Selbstoptimierung, die Selbstvermarktung?

Aber ich muss nicht auf die EKD und ihre Werbekampagne zeigen. Ich kann ruhig bei mir anfangen. Wie viele Predigten habe ich schon gehalten, die vielleicht nicht einmal Himmelsblau ins Alltagsgrau gebracht haben, sondern einfach langweilig oder konventionell oder belanglos waren? Wie oft habe ich Gottes Wort schon entschärft, Gottes Willen klein geredet? Weil ich ja niemanden vertreiben oder verstören oder verärgern will. Ach – und weil ich ja selbst nicht unterbrochen werden will im Lauf meines Lebens.

Wer weiß: Wenn Gott Jona gefragt hätte, ob er mal im Leipziger Universitätsgottesdienst predigen wolle, wahrscheinlich hätte er gerne „Ja" gesagt. Oder wenn Gott Jona als Reformationsbotschafter nach Ninive geschickt hätte, um die babylonische Stadt und ihre Bürger einzuladen, Himmelsblau im Alltagsgrau zu entdecken. Why not? Eine gut bezahlte Dienstreise nach Ninive – und die freundlich unverbindliche Botschaft: Reformation heißt, die Welt zu hinterfragen.

Aber das war dummerweise nicht der Auftrag des Jona. Der lautete: *Geh in die große Stadt Ninive und predige wider sie; denn ihre Bosheit ist vor mich gekommen. (Jona 1,2)*

Titel (→ Mittel)	(Titel ←) Mittel
Gott – jenseits der Grenzen, die wir ihm ziehen	Reflexion, Beispiel

Liebe Gemeinde, Gottes Wort ist nicht bequem. Und der Wunsch des Jona ist ebenso naiv wie verständlich: einfach weg. Ich will weit weg. Dorthin, wo Gott mich nicht erreicht mit seinem Wort. Nach Tarsis, wahrscheinlich ganz im Westen. An die Enden der Erde. Die Flucht vor Gott ist rührend und hilflos. Wo sollte er denn nicht sein, der gnädige und barmherzige Gott?

Gott sprengt jede Grenze, die ich ihm ziehe, wenn ich sage: Hier ist er, dort aber nicht. Sonntags in der Kirche schon, aber nicht in meinem Alltag. Tief in meinem Herzen, ja, aber nicht da draußen in der Welt.

Rührend ist es, solche Grenzen zu ziehen. Und hilflos. Und sinnlos. Selbst das Meer, in dem Jona landet, erweist sich als Ort, an dem Gott da ist. Mitten im Meer schickt er einen großen Fisch … Wo es so aussah, als wäre die Geschichte zu Ende, beginnt sie nochmals neu. Und Jona erhält seine zweite Chance.

Titel (→ Mittel)	(Titel ←) Mittel
Im Bauch des Fisches	Nacherzählung

Viele Bilder zeigen, wie Jona nackt und einigermaßen verdutzt wieder aus dem Fisch herauskommt. Nackt, wie ein neugeborenes Kind.

Und was geschah im Bauch des Fisches? Es ist gut, dass die Bibel das Innere des Fisches nicht näher ausschmückt. Nicht die Gerüche, nicht die Geräusche, nicht die endoskopischen Details. Stattdessen lesen wir: Und Jona betete zu dem Herrn, seinem Gott, im Leibe des Fisches …

Vorhin haben wir dieses Gebet des Jona gemeinsam gesprochen, den so genannten Jona-Psalm. Aber eigentlich ist es gar kein Jona-Psalm, denn so schrecklich viel von Jona steckt da nicht drin. Im Bauch des Fisches kehrt Jona ein in Worte, die er kennt, in Worte, die Leserinnen und Leser der Bibel auch kennen, in Worte der Psalmen. Jona betet mit alten Worten, Worten des Vertrauens auf Gott und der Hoffnung auf ihn – und findet in drei Tagen und drei Nächten zurück. Zurück ins Gebet, zurück zu Gott.

Nackt kommt er aus dem Bauch des Fisches. Und hat gelernt, dass nicht nur große Fische, sondern auch kleine Menschen auf Gottes Wort hören – und so zum Retter für andere werden können!

So geht er nun doch nach Ninive – und hält eine eher knappe und überaus schlichte Predigt: *Es sind noch vierzig Tage, so wird Ninive untergehen. (Jona 3,4)* Mehr sagt er nicht. Aber so kurz die Predigt auch ist, so wirkungsvoll ist sie. Die Stadt tut Buße, geht in Sack und Asche. Und Gott erbarmt sich.

Titel (→ Mittel)	(Titel ←) Mittel
Sympathisch werden	Reflexion, Information

Liebe Gemeinde, ein eigentümliches, aber eminent anregendes Buch über „Die Prophetie“ hat der jüdische Religionsphilosoph Abraham Joshua Heschel vor etwa 80 Jahren geschrieben. Es war seine Dissertation – und ein großer Versuch, auf knappem Raum das Entscheidende zu erfassen, das Prophetie phänomenologisch auszeichnet. Heschel fand das in zwei Worten: Pathos und Sympathie.

Ausgangspunkt ist Gottes Pathos für diese Welt, seine Leidenschaft, die ihn zornig macht und in Liebe entbrennen lässt. Gottes Pathos für diese Welt – mit ihr ruft er Menschen zur Sym-pathie. Zur Teilnahme an diesem Pathos. Zum Handeln in Gottes Auftrag!

Die Propheten – sie sind für Heschel exemplarisch die Menschen, die Gottes Pathos wahrnehmen und sym-pathisch werden. Mit Heschel gesprochen ist der große Fisch ein absolut sympathischer Fisch! Und im Bauch des Fisches kehrt sogar Jona in diese pathisch-sympathische Wechselbeziehung zurück.

Titel (→ Mittel)	(Titel ←) Mittel
Sympathisch werden heute	Frage, Aktualisierung

Und ich frage mich, ob ich Gott sym-pathisch bin? Nun im Sinne Heschels: Ob ich Gottes Pathos, seine Leidenschaft für diese Welt und ihre Menschen teile?

Die Jona-Geschichte katapultiert mich beinahe unweigerlich zu den Fragen, die mich ratlos machen in diesen Tagen … Jona wird ins Mittelmeer geworfen und dort gerettet. Heute bräuchte es viele, sehr viele große Fische, die Menschen retten und an Land bringen. Seit 2014 gab es mehr als 10.000 tote Flüchtlinge im Mittelmeer (so eine Meldung im Juni 2016); in diesem Jahr 2016 wird die Anzahl der im Mittelmeer ertrunkenen Flüchtlinge wohl die höchste jemals sein. Jeder 80. überlebt die Überfahrt von Libyen nicht. 675 Tote wurden vor einigen Wochen in dem Wrack geborgen, das im Juli 2015 vor der Küste Libyens gesunken war … – Wo ist der große Fisch?

Titel (→ Mittel)	(Titel ←) Mittel
Wo ist Ninive?	Fragen & Antworten

Und wo bin ich? – Interessant: Der kleine Prophet Jona erhält einen sehr begrenzten Auftrag von Gott. Und einen überaus erfüllbaren. Er soll nicht die Welt retten, sondern das tun, was er kann: nach Ninive gehen und eine recht einfache Botschaft ausrichten. Die eigenen Bedenken einfach mal zurückstellen. Die eigene Comfort-Zone verlassen. Und das tun, was Gott fordert.

Auch ich brauche nicht die Welt zu retten – das wäre naiv und kindisch und selbstsüchtig, weil ich ja doch nur groß sein will und bedeutend, wenn ich so tue, als könnte ich's. Aber die Frage lautet: Wo ist mein Ninive? Und wo ist deines? Wohin bin ich gesandt, um das Wort auszurichten – von einem Gott, der richtet und gnädig ist, der barmherzig ist und zurechtbringt?

Wo ist Ninive? Da draußen auf den Straßen Leipzigs, wenn wieder einmal demonstriert wird – damit wir die Straßen nicht denen überlassen, die Angst und Hass verbreiten.

Wo ist Ninive? Im Süd-Café, wo sich Flüchtlinge und ehrenamtliche Helfer treffen – und Menschen gebraucht werden, die ein wenig Zeit haben für ein Gespräch und eine Tasse Kaffee oder die einen Kuchen backen oder ein bisschen Geld spenden.

Wo ist Ninive? In deinem Studierendenwohnheim, wo dir schon lange auffällt, dass sich mit Günther niemand unterhält, weil er ja irgendwie merkwürdig ist.

Wo ist Ninive? In deiner Familie, wo heute endlich mal einer über den Schatten springen und das befreiende Wort sagen muss …

Wo ist Ninive?

Gottes Wille setzt sich durch. Manchmal braucht er dazu einen großen Fisch. Manchmal braucht er ausgerechnet Jona, die Karikatur eines Propheten. Und manchmal braucht er dich und mich.

Titel (→ Mittel)	(Titel ←) Mittel
Das Zeichen des Jona	Erklärung, Vergleich

Gottes Wille setzt sich durch. Zu der Karriere des Jona, liebe Gemeinde, gehört auch die Aufnahme der Geschichte im Neuen Testament. Es soll kein anderes Zeichen gegeben werden, sagt Jesus, als das Zeichen des Jona *(Mt 12,39f; Lk 11,29).*

Die Jona-Geschichte ist keine Vorhersage der Christusgeschichte. Dazu passt schon die Zeitstruktur nicht. Drei Tage und drei Nächte war Jona im Bauch des Fisches. Jesus aber wurde auferweckt am dritten Tage – nach nur zwei Nächten. Aber dennoch wird im Licht der Christusgeschichte klar, was das Zeichen des Jona bedeutet. Gottes Wille ist stärker als das Meer, ja, stärker als der Tod! Stärker als mein Beharren auf meine eigene Meinung und Überzeugung. Stärker als meine Weigerung und stärker als all mein Widerstand. Das Zeichen des Jona: Die Sünde ist nicht das Letzte, und das Grab ist nicht das Ende.

Titel (→ Mittel)	(Titel ←) Mittel
Mache mich zu einem Werkzeug	Gebet

In der Bibel, liebe Gemeinde, werden Fische geschaffen, besungen, gefangen, gegrillt – und einmal wird ein Fisch sympathisch. So sympathisch wie ein kleiner Prophet nicht sein kann. Und auch ich nicht.

Barmherziger Gott,
mach mich sympathisch.
Lass mich mitleiden, wo du leidest an dieser Welt und in dieser Welt.
Lass mich froh sein, wo du dich freust, und jubeln mit den Engeln im Himmel und mit dir.
Lass mich gehen, wohin du mich sendest.
Mach mich zum Werkzeug deines Friedens.
Und wenn ich auf falschem Weg bin, Gott,
dann sende einen großen Fisch oder etwas hinreichend Ähnliches.
Amen.

Zur Arbeit mit der Dramaturgischen Homiletik

Ich kann nicht anders – und das wird niemanden verwundern. Wenn ich Predigten erarbeite, geht das nicht ohne das Handwerkszeug der Dramaturgischen Homiletik. Und wenn ich – wie jetzt – im Nachhinein auf Predigten sehe, erkenne ich mit den Mitteln der Dramaturgischen Homiletik erfreut und ein wenig entsetzt, wie viel man hätte anders und bestimmt besser machen können. Das ist meines Erachtens nicht nur Grund zum Ärger, sondern schlicht Einsicht in homiletischen Realismus: Die perfekte Predigt gibt es nicht! Oder anders gesagt: Auch in ganz mittelmäßigen oder gar nach allen Regeln der homiletischen Kunst schlechten Predigten kann (Gott sei Dank!) das Perfekte geschehen: dass Gottes Geist diese menschlichen Worte für einen Hörer oder eine Hörerin zu seinem Wort macht und Leben heilsam verändert.

Was erkenne ich, wenn ich auf die Predigt sehe? Zunächst: Es würde mir bestimmt helfen, ab und zu mal wieder akribisch nach dem *Mittel* meiner Predigt*moves* zu fragen. Das, was wir einmal „mittlere Kanzelsprache" genannt haben, kehrt verdächtig oft wieder. Und etwas mehr Entschiedenheit im Blick auf die Frage, wo erzählt wird und wo argumentiert, wäre sicher nicht schlecht.

Zweifellos entsetzt dürfte Martin Nicol sein, was die Länge der Predigt angeht. Schon als Assistent hat er mir immer mal wieder gezeigt, wie eine Predigt durch gezieltes Kürzen gewinnt. Ob die Predigt (auch eine Universitätspredigt) wirklich so viel Material und auch Gelehrsamkeit braucht? Ich sage nur: Koran und Heschel? (Nur als kleine Apologie: Auf der Kanzel habe ich *Move* 11 weggelassen. Es wäre nochmals ein neuer Bogen gewesen, eher meinem exegetischen Gewissen denn der homiletischen Notwendigkeit geschuldet. Und die Gemeinde sah mich so an, dass ich mich des Eindrucks nicht erwehren konnte, dass nicht wenige ein Ende der Kanzelrede nun doch langsam herbeisehnen![6])

Im Lauf der vergangenen Jahre wurde mir die Arbeit an der Intention der Predigt immer wichtiger. Ob ich das, was ich mir vornehme, tatsächlich bei einigen oder vielen Hörerinnen oder Hörern erreiche, ist davon völlig unberührt. Entscheidend ist für mich, dass ich als Prediger etwas will und dies auch klar sagen kann. (Mit dieser Intention im Kopf war es kein Problem, auf der Kanzel den vorletzten *Move* einfach wegzulassen!)

„In den Fisch gesetzt" – die Dramaturgische Homiletik lebt von einer Hermeneutik der Bibel, die *in* den Worten, Bildern und Geschichten der Bibel das Unerhörte, Neue, Begeisternde erwartet und gleichzeitig die *Fremdheit* der biblischen Worte achtet. Erwartungsvoll die Bibel lesen *und* dramaturgisch predigen – beides gehört zusammen und fasziniert mich nachhaltig.

„River inside the river.
World within the world.
All we have is words

6 Nur eine Nebenbemerkung: Die Strukturierung der Predigt in *Moves & Structure* hat sich in meiner Praxis auch auf der Kanzel selbst als ungemein hilfreich erwiesen. Es ist möglich, noch kurz vor der Predigt oder während ihres Vollzugs umzustellen und wegzulassen!

To reveal the rose
That the rose obscures."[7]

„... etwas hinreichend Ähnliches ..." – mit dieser Wendung endet die Predigt. Sie stammt aus Erich Frieds Gedicht „Eine Kleinigkeit".[8] Wie oft haben wir, lieber Martin, in Fortbildungen dieses Gedicht gehört und mit den Teilnehmenden gedeutet. So oft, dass diese drei Worte „etwas hinreichend Ähnliches" für uns zu einer stehenden Wendung wurden. So ist dies nun eine kurze Predigtkritik, vielmehr aber soll es eine Würdigung meines akademischen Lehrers und Doktorvaters sein – oder etwas hinreichend Ähnliches.

7 Orr, Gregory, River Inside the River. Poems, New York/London 2013, 124.
8 Fried, Erich, Gesammelte Werke, Bd. 3, hg. v. Volker Kaukoreit/Klaus Wagenbach, Berlin 1993, 9.

Joachim Zirkler

Ich bin so frei – und gerecht

Predigt anlässlich 500 Jahre Reformation zu Galater 5,1–6

Zum Prediger

Joachim Zirkler, geb. 1955, ist Pfarrer und lebt seit 2014 in Wittenberg und Dresden. Er ist Studienleiter am Zentrum des Lutherischen Weltbundes in Wittenberg (LWB-Zentrum Wittenberg), verantwortlich für Internationale Seminare, Begleitung von Gruppen, Vorbereitung des Reformationsjubiläums und das ökumenische Projekt des Luthergartens.

Zum Hintergrund der Predigt

Die Predigt wurde im Rahmen der Gottesdienstreihe „Reformation buchstabieren - ich bin so frei und …" am 1. Januar 2017 in der Dresdner Frauenkirche gehalten.

Manuskript der Predigt

Titel (→ Mittel)	(Titel ←) Mittel
Endlich frei!	Anapher, Konkretion

Liebe Gemeinde,
Zur Freiheit hat uns Christus befreit.

Endlich frei sein vom Gesetz der ungerechten Knechtschaft, das regelte, wer Sklave und wer Herr ist. Das war die Sehnsucht des Volkes Israel in Ägypten. Seit Jahrhunderten lebten sie als Sklaven dort.

Endlich frei sein vom Gesetz der ungerechten Bevormundung, das alle Lebensbereiche regelte und vorschrieb, wohin man reisen durfte und wohin nicht – das war die Sehnsucht des Volkes in der DDR als es 1989 auf die Straße ging.

Endlich frei sein vom Gesetz der vielen ungerechten Vorschriften, die regelten, wann man zu den Gläubigen gehört, das war die Sehnsucht vieler junger Christen zur Zeit von Paulus. Christen, die keine Juden und demzufolge nicht beschnitten waren.

Titel (→ Mittel)	(Titel ←) Mittel
Völker unter dem Joch	Aufnahme der Konkretionen, Bibelwort & Kanzelsprache

Das Volk Israel wurde befreit, ließ die Knechtschaft hinter sich – und sehnte sich später wieder nach den guten alten Zeiten. Die Freiheit war unbequem und sie wollten sie beschneiden – um wieder ein unfreies, aber geregeltes, bequemes Leben zu haben.

So steht nun fest und lasst euch nicht wieder das Joch der Knechtschaft auflegen!

Das Volk der DDR ließ Unfreiheit und Bevormundung hinter sich – und sehnte sich bald wieder nach den guten alten Zeiten, in denen alles wie gewohnt geregelt war. „Es war ja nicht alles schlecht“, hieß es. Die Freiheit erwies sich als ungewohnt und unbequem.

So steht nun fest und lasst euch nicht wieder das Joch der Knechtschaft auflegen!

Die jungen Christen zu Paulus‘ Zeiten stritten sich über die Voraussetzungen zum Christsein. Die einen, die von der jüdischen Tradition kamen, sahen die Beschneidung als Voraussetzung an. So waren sie es gewohnt. Die andere Lehre, die besagte, dass die Taufe reicht, war neu und ungewohnt. Und neues Denken ist nie bequem. Die anderen, die sogenannten Heiden, sagten aber: Wieso müssen wir erst Juden werden, um Christen zu sein? Gerechtfertigt nur durch die Einhaltung eines Gesetzes?

Paulus hat lange darüber nachgedacht und gerungen – hat Gott seine Fragen und Zweifel vorgebracht und ist zu der Erkenntnis gekommen, die ihn zu einem verbalen Befreiungsschlag veranlasst:

Zur Freiheit hat uns Christus befreit! So steht nun fest und lasst euch nicht wieder das Joch der Knechtschaft auflegen!

Titel (→ Mittel)	(Titel ←) Mittel
Willkommen in Freiheit	Lesung, Zitat, Aufforderung

Und es folgt ein leidenschaftliches Plädoyer für die Freiheit. In Christus seid ihr befreit von den bisherigen Zwängen, befreit von allen Gesetzen, die ihr euch selbst auferlegt habt.

Siehe, ich, Paulus, sage euch: Wenn ihr euch beschneiden lasst, so wird euch Christus nichts nützen. Ich bezeuge abermals einem jeden, der sich beschneiden lässt, dass er das ganze Gesetz zu tun schuldig ist. Ihr habt Christus verloren, die ihr durch das Gesetz gerecht werden wollt, aus der Gnade seid ihr herausgefallen.

Wenn euch Freiheit geschenkt worden ist, dann lebt sie und beschneidet sie nicht! Gerechtfertigt seid ihr nicht durch die Einhaltung eines Gesetzes, sondern durch das unbegrenzte, unbeschnittene Vertrauen zu Christus. Sonst nennt ihr euch umsonst nach dem, der euch die Freiheit gebracht hat, nach Christus.

„Ein Christenmensch ist ein freier Herr über alle Dinge und niemandem untertan." So hat es Martin Luther ausgedrückt. Christinnen und Christen sollten erkennbar sein an der Freiheit, die sie ausstrahlen.

Willkommenskultur gehört in die Kirche. Wenn ein Fremder das erste Mal eine Kirche betritt und die alteingesessenen Gemeindeglieder reden über ihn nach dem Motto: „Der war ja noch nie hier. Wer weiß, ob er evangelisch ist und zu uns gehört…", dann regiert wieder das Gesetz. Das Gesetz, das regelt, wer dazu gehört und wer nicht.

Es regiert nicht die Freiheit. Die Freiheit, jeden willkommen zu heißen. Die Freiheit, die als alleiniges Kriterium die Sehnsucht gelten lässt. Die Sehnsucht, dass da jemand dem Geheimnis des Lebens, dass da jemand Gott nahekommen möchte. Ein Willkommen in Freiheit sollte jeden Menschen empfangen, der eine Kirche betritt.

Titel (→ Mittel)	(Titel ←) Mittel
In einem Dorf…	Beispielerzählung

In einem Dorf, etwa 15 Kilometer von Halle, mitten in der ostdeutschen religiösen Wüste, taten sich vor zehn Jahren einige Leute zusammen, um ihre Kirche vor dem Verfall zu retten. Sie wollten nicht, dass das Wahrzeichen des Ortes verschwindet. Keiner war Mitglied der Kirche. Sie sammelten Gelder, sprachen Sponsoren an und leisteten Arbeitseinsätze. Nach drei Jahren war die Kirche fertig saniert. Aber was tun mit dem Bauwerk? Sie organisierten Konzerte und die Kirche eignete sich dafür als schöner Raum. Nach zwei Jahren stellten sie fest: Eigentlich ist eine Kirche doch noch für etwas Anderes da als für Konzerte. Es sollen Gottesdienste stattfinden! Im Dorf selbst gab es schon lange mehr keinen Pfarrer. So nahmen sie Kontakt zum Pfarrer im zwölf Kilometer entfernten Ort auf und baten ihn, Gottesdienste zu organisieren. Seitdem findet in der Regel einmal im Monat ein Gottesdienst statt. Besucht von Menschen, die nicht als Mitglieder zur Kirche gehören.

Aber sind nicht gerade solche Menschen Kirche? Sie bauen jedenfalls Kirche im doppelten Sinn.

Unser Gesetz schreibt vor, dass nur Getaufte zur Kirche gehören können. Wie ist das, wenn die Leute in diesem Dorf in einem Gottesdienst Abendmahl feiern wollen?

Zur Freiheit hat uns Christus befreit! So steht nun fest und lasst euch nicht wieder das Joch der Knechtschaft auflegen!

Würde es nicht im paulinischen Sinne bedeuten: Ihr seid frei und willkommen, als Christen zu leben, als Menschen, denen der Glaube wichtig geworden ist. Unabhängig vom Weg, der dazu geführt hat. Die Taufe ist nicht die Voraussetzung, um als Christen anerkannt zu sein, aber natürlich besteht das Angebot zur Taufe für euch immer – und ihr könnt euch in Freiheit und ohne Druck entscheiden.

Titel (→ Mittel)	(Titel ←) Mittel
Das Gesetz ist einfach – die Freiheit schwierig	Anfragen

Und wir müssen immer wieder lernen: Das Gesetz ist einfach, weil es ein Regelwerk gibt, aber die Freiheit ist schwierig, weil sie sich nicht einengen lässt in Regelwerke. Weil Dinge geschehen, mit denen vor 50 Jahren noch niemand rechnen konnte. Dinge, die deswegen noch nicht geregelt sind. Und wir können nicht immer erst abwarten bis es Regeln gibt.

Es ist gut, dass es seit wenigen Monaten eine Regelung gibt in der Sächsischen Landeskirche für die Segnung gleichgeschlechtlicher Paare. Und es war gut, dass sich vor Jahren, als es diese Regelung noch nicht gab, bereits Pfarrer und Kirchenvorstände gefunden haben, die eine Segnung möglich machten. Die von ihrer Freiheit Gebrauch machten. Weil die Sehnsucht der Menschen nach dem Empfang von Segen für sie ausschlaggebend war.

Genauso ist es mit den Ungetauften, die kirchlich engagiert sind. Wir können es uns nicht mehr so einfach machen mit der Definition eines Christenmenschen. Getauft und abgehakt? Damit allein gerechtfertigt? Und wenn er oder sie sich dann ein Leben lang nicht mehr für Kirche und Glauben interessiert? Zählt dann die Taufe per Gesetz mehr als jahrelanges Engagement ohne Taufe?

Diesen Fragen müssen wir uns stellen als Kirche, die zu einer Minderheit geworden ist! Dazu ist das Jubiläumsjahr der Reformation ein guter Anlass.

Titel (→ Mittel)	(Titel ←) Mittel
Die ganze Freiheit	Reflexion

Freiheit ist nur ganz zu haben und nicht in beschnittenen kleinen Stückchen. Das muss uns bewusst sein, wenn wir von der Freiheit eines Christenmenschen reden. Das mag Angst machen, weil der jahrhundertealte fest gefügte Boden des Gesetzes ins Schwanken gerät und wir uns nach den guten alten Zeiten zurücksehnen.

Nur kommen die guten alten Zeiten nie wieder und ein verklärter Blick zurück sollte uns den Blick ins Heute und in die Zukunft nicht trüben! Die Taufe allein rechtfertigt nicht meine Zugehörigkeit zur Gemeinschaft der Glaubenden. Die Leistung in einem Kirchbauverein allein rechtfertigt nicht meine Zugehörigkeit zur Gemeinschaft der Glaubenden.

Denn wir warten im Geist durch den Glauben auf die Gerechtigkeit, auf die wir hoffen.

Es ist das Warten, die Sehnsucht, durch Glauben und Vertrauen auf Gott zu erfahren, dass wir uns nicht durch Leistung, das Befolgen von Ritualen oder das Einhalten von Gesetzen rechtfertigen müssen. Nicht voreinander und nicht vor Gott. Dass unser Leben durch Glauben und Vertrauen gesegnet ist. In aller Freiheit.

Titel (→ Mittel)	(Titel ←) Mittel
Da gibt es viel zu tun. Packen wir's an!	Zitat, Aufforderung, Beispiel, Wunsch

„Ein Christenmensch ist ein freier Herr über alle Dinge und niemandem untertan." Luther fügt dem Satz einen zweiten hinzu: „Ein Christenmensch ist ein dienstbarer Knecht aller Dinge und jedermann untertan."

Das ist die einzige Begrenzung der Freiheit. Freiheit darf nicht nur mir allein gelten, sie muss genauso meinem Nächsten gelten. Der Maßstab dafür sind nicht Gesetze und Bestimmungen, sondern allein die Liebe. Paulus drückt es so aus: *Denn in Christus Jesus gilt weder Beschneidung noch Unbeschnittensein etwas, sondern der Glaube, der durch die Liebe tätig ist.* (Gal 5,6) Glaube, der durch die Liebe tätig ist. Da gibt es viel zu tun. Packen wir's an!

In Wittenberg gab es im Herbst eine Ausstellung. 95 Türen aus Abrisshäusern waren gestaltet von Schülern, Vereinen, verschiedenen Gruppen. Meine Lieblingstür war die Tür mit „These 96, 97 und 98". Man konnte folgendes lesen:
„These 96: Höre nie auf, quer zu denken!"
„These 97: Sei offen für Neues!"
„These 98: Die Worte ‚sollte', ‚könnte', ‚würde' und ‚hätte' waren durchgestrichen. Und darunter stand groß das Wort ‚MACHEN'."

Diese drei Thesen sind für mich die beste Zusammenfassung der reformatorischen Rechtfertigungslehre. Möge Gott uns helfen, als Christenmenschen die geschenkte Freiheit zu gebrauchen – unserem Nächsten zur Freude, uns selbst zur Hilfe und ihm zur Ehre! Amen.

Zur Arbeit mit der Dramaturgischen Homiletik

Die Dramaturgische Homiletik habe ich während meiner Zeit als Pfarrer der Dresdner Kreuzkirche durch die Teilnahme an den Kursen der Meisterklasse Predigt kennen- und schätzen gelernt. Mein Predigtstil hat sich daraufhin nachhaltig verändert. Die Arbeit im (Sprach-) „Atelier" liegt mir und das Bauen sowie Umbauen von *Moves* hat sich besonders bewährt, ebenso die durch das Beispiel des Films angeregte Schnitttechnik. Das ist an *Move* zwei gut zu erkennen. Vor dem Kennenlernen der Dramaturgische Homiletik hätte ich wahrscheinlich so formuliert: „Das Volk Israel wurde befreit, ließ die Knechtschaft hinter sich – und sehnte sich später wieder nach den guten alten Zeiten. Die Freiheit war unbequem und sie wollten sie beschneiden – um wieder ein unfreies, aber geregeltes, bequemes Leben zu haben. Es ist denkbar, dass bei Paulus diese alte Erfahrung seines Volkes einfließt, wenn er schreibt: *So steht nun fest und lasst euch nicht wieder das Joch der Knechtschaft auflegen!*"

Durch die Dramaturgische Homiletik habe ich gelernt, dass für Hörende und Lesende der gerade und klare Schnitt ohne Überleitungssatz viel wirkungsvoller ist: Das Volk Israel wurde befreit, ließ die Knechtschaft hinter sich – und sehnte sich später wieder nach den guten alten Zeiten. Die Freiheit war unbequem und sie wollten sie beschneiden – um wieder ein unfreies, aber geregeltes, bequemes Leben zu haben. *So steht nun fest und lasst euch nicht wieder das Joch der Knechtschaft auflegen!*

Die Sprache und ihre Möglichkeiten in der Kommunikationsform der Predigt können gar nicht hoch genug geschätzt werden. Insofern hat sich durch den Besuch der verschiedenen Kurse eine besondere Sensibilisierung für die Predigtsprache und das dazu nötige Handwerk ergeben.

Ich bin Prof. Martin Nicol und seinem damaligen Assistenten Alexander Deeg sowie dem Schriftsteller Heinz Kattner und dem Schauspieler Gerd Zietlow außerordentlich dankbar für die Eröffnung völlig neuer Perspektiven im Blick auf die Predigtarbeit.

Johanna Haberer

Nun freut euch liebe Christengmein

Predigt anlässlich 500 Jahre Reformation zu 2. Timotheus 1,7

Zur Predigerin

Johanna Haberer, geb. 1956 in München, studierte Germanistik, Theaterwissenschaft und Theologie. Von 1997 bis 2001 war sie als Rundfunkbeauftragte des Rates der Evangelischen Kirche in Deutschland tätig. Seit 2001 arbeitet sie als Professorin für Christliche Publizistik am Fachbereich Theologie der Friedrich-Alexander-Universität Erlangen-Nürnberg. Von 2002 bis 2006 war sie Sprecherin des „Wort zum Sonntag".

Zum Hintergrund der Predigt

Die Predigt wurde im Kontext des Reformationsjubiläums 2017 in St. Petri, Hamburg gehalten. Während der Predigt erfolgte die Uraufführung des Luther-Raps, der von 60 Jugendlichen zum Choral „Nun freut Euch liebe Christengmein" entstanden ist. Die Predigt wurde von dieser Performance unterbrochen.

Manuskript der Predigt

Titel (→ Mittel)	(Titel ←) Mittel
Bekenntnis wagen	Direkte Anrede der Gemeinde, Fragen, Schilderung

Wann haben Sie das letzte Mal etwas riskiert? Liebe Schwester, lieber Bruder! Wann haben Sie sich öffentlich zu etwas, einer Sache, einem Glauben, einem Menschen bekannt? Zu Europa? Zu den offenen Grenzen? Zu Jesus Christus? Bekennen ist für uns ein eher peinlicher Gestus, insbesondere, wenn es um ein religiöses Bekenntnis geht. Das wirkt so verkrampft und verbindlich. Wir in unserer Gesellschaft können mit diesem Jesus und der Religion jeden Sonntag ein wenig liebäugeln. Wir können uns frei und unbedroht in eine Kirche setzen und den Gottesdienst wie ein Konzert an uns vorbei rascheln lassen. Wir können uns zurücklehnen und darüber nachdenken, ob wir den Pfarrer unterhaltsam oder uncool finden.

Schon wenige Flugstunden von uns entfernt, ist alles etwas spannender. Da kostet es Mut in den christlichen Gottesdienst zu gehen, weil einem da schon mal beim Ostergottesdienst die Kirche um die Ohren fliegt. Und trotzdem gehen die Menschen hin. Bekennen: das kann lebensgefährlich sein. Man sollte wissen, wofür man einen solch hohen Einsatz wagt.

Titel (→ Mittel)	(Titel ←) Mittel
Die Reformation fordert einen hohen Einsatz	Geschichtsrückblick

Wenige Jahre nach dem Thesenanschlag Martin Luthers in Wittenberg 1523 gab es die ersten Toten. Martin Luther hatte auf dem Reichstag in Worms verweigert, seine neue Lehre zurückzunehmen. Der Kaiser erklärte ihn unmittelbar daraufhin für vogelfrei. Das bedeutete: Jeder, der ihn erwischte, konnte ihn töten. Und die Höflinge des Kaisers formulierten eine detaillierte Zensurmaßnahme. Politisch Ungewolltes zu Publizieren war etwa so gefährlich wie in der Türkei heute. Das heißt: Die Schriften Martin Luthers zu besitzen, zu lesen, zu zitieren, weiterzugeben, zu verbreiten war unter drakonische Strafen gestellt.

Das konnte die Reformation nicht aufhalten. Unter den Ladentischen wurden die Luthertexte weitergegeben, heimlich gedruckt und auswendig gelernt. Intellektuelle und Handwerker, Studenten und Bauern riskierten ihre Freiheit, wenn nicht ihr Leben, in dem sie diese Breaknews unermüdlich weiterverbreiteten: Nämlich dass die Gnade Gottes gratis ist und der Christ in seinem Gewissen frei und dass die allesbestimmende Deutungsmacht der römischen Hierarchie ein Ende hat.

In Brüssel gab es dann die ersten Opfer. Zwei ganz junge Augustinermönche aus Antwerpen wurden bei der Verbreitung der neuen Lehre erwischt, gefangengenommen und auf dem Scheiterhaufen verbrannt.

Die Sache der Reformation, die mit einem Angebot der Debatte begonnen hatte, wurde zum Kampf um die Seelen, Gedanken, Meinungen. Der Kampf um die Deutungshoheit hatte begonnen und der wurde todernst.

Titel (→ Mittel)	(Titel ←) Mittel
Neue, riskante Lieder erobern die Reformation	Geschichtsrückblick, Erklärung

Luther, der bis dahin Sendbriefe geschrieben hatte und Lehrstücke, der gelehrte Disputationen abhielt und mit den Humanisten und den Fürsten korrespondierte, war zornig, traurig und angefasst. Er griff zum ersten Mal zur Feder, um sich des wirksamsten Mediums der einfachen Leute zu bedienen: Er schrieb einen Song. Nicht für den Gottesdienst oder die Liturgie, sondern für die Straße.

Ein Lied für die Mund zu Mund Propaganda, für die Bänkelsänger und Straßenmusikanten: ein Zeitungslied, wie man damals sagte. Der Mord an den beiden jungen Männern sollte überall bekannt werden und die Kunde von den Märtyrern der Reformation sollte in alle Ecken der deutschsprachigen Regionen dringen: „Ein neues Lied wir heben an". So hieß Luthers erstes Lied, mit einer schwungvollen Schlagermelodie und eingängigen Reimen. Das Lied beschrieb in allen Einzelheiten den Tod der beiden jungen Augustinermönche und es sollte vor allem die Ideen weiterverbreiten, um derentwillen die beiden Männer gestorben waren. Ein neues Lied. Ein riskantes Lied.

Der Erfolg war durchschlagend. Das Lied wurde ein Lied des Aufstands gegen die Angst und gegen die Verfolger der neu gewonnenen Freiheit. Überall gesungen und geträllert, aufgeführt und performt. Das brachte den Professor aus Wittenberg auf eine glänzende Idee. Die Anhänger der Reformation sollten Lieder schreiben. Er bat sie sogar persönlich darum. Musik und Text. Für alle verständlich. Eingängig. Zum Mitsingen und Trällern. Neue Lieder für ein neues Bekenntnis. Fröhliche Lieder für neue Freiheit. Protestlieder gegen Unterdrückung und Zensur. Musik und Singen als höchstpersönliche Form des Bekenntnisses. Was ist persönlicher, als dass einer oder eine aufsteht und die Stimme erhebt auf der Straße und auf den Marktplätzen und seine Überzeugung kundtut: mit hoher oder tiefer, schöner oder krächzender Stimme. Hauptsache laut. Hauptsache ich.

Titel (→ Mittel)	(Titel ←) Mittel
Ein Gassenhauer voll Bewegung	Liedrezitation, Übertragung

Leider waren die meisten Freunde Luthers nicht sonderlich poetisch begabt, sodass er es halt wieder selbst machen musste, der Luther. Und so entstand das erste Lied der Reformation als Gassenhauer:

Nun freut euch, lieben Christen g'mein,
und lasst uns fröhlich springen,
dass wir getrost und all in ein
mit Lust und Liebe singen,
was Gott an uns gewendet hat
und seine süße Wundertat;
gar teu'r hat er's erworben.

Jauchzt vor Freude! Springt vor Freude! Singt ohne Angst! Singt mit Lust und Liebe! Denn Gott hat Dich freigemacht und freigesprochen. Du bist geliebt und anerkannt und wertgeschätzt und hochgehalten und selber groß durch diesen

Gott, der ganzer Mensch geworden ist, damit Du ein freier und stolzer und liebender und selbstbewusster Mensch werden kannst.

So eine Kraft. So eine Power. So ein wunderbarer Gedanke.

Titel (→ Mittel)	(Titel ←) Mittel
Gefangen im System der Beobachtung	Schilderung

Mit solch einer explosiven Wucht kann nur einer schreiben, der selber durch die Hölle gegangen ist. Der fast zerbrochen ist. Dem tausend Ringe um die Brust lagen, die barsten, wie beim treuen Heinrich im Märchen. Der nicht anders kann als singen von der Liebe und der Freiheit und der Gnade. Der allen davon erzählen will, dass sie sich etwas zutrauen können, dass sie sich nicht mehr klein machen müssen. Moderne Psychologen würden sagen Luther hat sich mit Hilfe der Bibel aus einer tiefen Depression befreit. Aus einem Leben in ständiger Furcht, dem Anspruchssystem seiner Gesellschaft und seiner Umgebung nicht entsprechen zu können.

Dieses System hatte über jede Lebensäußerung ein Urteil. Jeder Schritt, jeder Gedanke diente der Selbstbeobachtung, ob man dem strafenden Gott nicht einen Vorwand gegeben hätte. Die ständige Angst vor dem *Dislike* des Schöpfers: Du bist es nicht wert. Du bist nicht recht, so wie Du bist und musst dich immer mehr anstrengen, um geliebt zu werden und anerkannt. Du musst Dich ständig kontrollieren; auf Habachtstellung sein. Mache ja keinen Fehler: Die Dämonen warten auf Dich. Die Hölle freut sich schon.

Luther hat dieses System der Beobachtung und Selbstbeobachtung gesprengt. Explosionsartig. Nur mit einem neuen Gedanken. Liebe ist nicht käuflich. Anerkennung kann nicht durch Selbstvorwürfe und Selbstgeißelung und Anpassung und Kriecherei erworben werden. Daraus wurde ein gefährliches Bekenntnis zur Freiheit, das bis heute politisch und ganz persönlich ein wundervolles Versprechen ist.

Kann man das heute noch nachfühlen? Wissen Sie, liebe Gemeinde, wie das klingen kann, ein neues Lied. Das uns mit neuen Tönen aus den Systemen der modernen Anspruchssysteme befreit? Unsere Kinder wachsen heute in einer Welt auf, wo sie wie selten zuvor wirkliches, tief verwurzeltes Selbstvertrauen und eine sichere Navigation brauchen, um an einer Welt weiterzubauen, in der Gerechtigkeit und Freiheit und Friede die Maßstäbe der Gemeinschaft bleiben. Und viele von ihnen spüren, dass sie umgeben sind von Systemen der Beurteilung, des Like und Dislike im Netz, der Selbstbeobachtung im Wettbewerb mit anderen: Wie komme ich rüber? Wie sehe ich aus? Wo ist mein Rang im Ranking, meine Position im Wettlauf um einen anerkannten Platz in der Gesellschaft?

Und: Spielt der Glaube und das Bekenntnis zu Gott dabei noch eine Rolle? Kann der Glaube an Gott wirklich freimachen und mutig und selbstbestimmt und liebevoll? Wie würde sich das anhören, liebe Schwestern und Brüder:

Titel (→ Mittel)	(Titel ←) Mittel
Gott an Deiner Seite, das gibt den Kick	Rap des Jugendchors

Refrain: Stell Dir vor, du stehst voll im Sturm,
gegen die ganze Welt, ganz allein? – Nein!
Und singst vor Freude und tanzt vor Glück
Gott an Deiner Seite, das gibt Dir den Kick.
Kickt dich in die Freiheit, ganz allein?
Nein! Und schenkt dir reinen Wein ein.
Macht dich stark, bringt dich in Fahrt
gegen alle Teufel – und alles so auf seine Art.

Hey, siehst Du den Terror und nicht das Licht?
Die Angst, der Hass, der uns zerbricht?
Die Fegefeuer, die im Gestern lauern,
sind für uns ganz andere Mauern. [TRUMP]
Dämonen umkreisen mich Tag und Nacht,
der Druck, den ich hab', hält mich wach.
Ich komm hier nicht raus, gib mir den Rest. [PENG]
SOS – I'm a mess.

Was ich tu sieht niemand an,
weiß nicht, was ich machen kann.
Denn: Niemand kümmert sich um dich.
Alle, alle, alle lassen dich im Stich.
Ich helfe gern, hab mich bemüht,
ich pass mich an, hab mitgefühlt.
Doch: Alles was ich tu, alles was ich sag,
alles ist umsonst. – „Erwartung nicht erfüllt!"

Hör mal zu, das kann ich nicht.
Bin nur Opfer – nein, bist Du nicht.
Schau der Wahrheit ins Gesicht,
denn: kann ich nicht, gibt es nicht.
Ich bin einer von Vielen, Keiner bemerkte mich.
Ich wollt Vieles erzielen, doch stand ich nie im Licht.
Hatte Angst zu zeigen – Was? Mein wahres Gesicht.
Doch dann kam Gott – Und er gab alles für mich.

Gott sprach zu dir, hab keine Angst,
ich bin bei Dir, weil Du es kannst.
Ich leite Dich von Ort zu Ort

und bin deshalb niemals fort.
Denn ich bin dein und du bist mein
Ich setz mich für dich ein.
Das wird so sein, das ist kein Schein
Ich werde, ich werde, ich werde bei Dir sein.

Titel (→ Mittel)	(Titel ←) Mittel
Besser als Mainstream	Liedrezitation, Übertragung

Ein neues Lied für die Straße, das haben die Jugendchöre der Nordkirche gesungen und gerappt. Denn der Rap, dieser Musikstil der Menschen, die keine Instrumente haben – keinen Klavierunterricht und keine Geigenlehrerin – nur ihre Stimme, das ist heute die Musik für die Straße. Erfunden in den Armenvierteln der amerikanischen Vororte für die, die systematisch überhört werden. Das ist genau die Situation der Anhänger der Reformation gegen ein übermächtiges System der Ignoranz.

Die Jugendlichen der Nordkirchenchöre haben selbst getextet und versucht ihr Lebensgefühl mit dem Martin Luthers zu verbinden und im wahrsten Sinn des Wortes in Einklang zu bringen.

So ist das: Man fühlt sich in den Peergroups der Freunde und Schulkameraden oft ganz allein, wenn man sagt: Ich gehe zur Kirche, ich singe im Jugendchor. Ich bin Christin. Bekennen ist nicht gerade angesagt.

Da entsteht dann dieses Gefühl, ich bin nicht Mainstream. Aber es gibt was Besseres als Mainstream! Frei, wirklich frei zu leben: Ich bin frei von den Likes bei Facebook und von den Beliebtheitsrankings unter den Freundinnen. Ich bin frei von der Frage, wieviel Freunde habe ich, bei wieviel Partys werde ich eingeladen, trage ich die neueste Klamotte, die tollste Marke und das beste Makeup. Ich durchschaue die Anerkennungssysteme meiner Zeit.

Nichts gegen schön sein, gar nichts! Aber alles gegen den Druck, einem bestimmten Muster entsprechen zu müssen. Das kommt bei diesen Rap-Texten zum Ausdruck: „Ich habe mich bemüht…und alle, alle lassen mich im Stich. Dabei bin ich umgeben von den Dämonen der Menschenverachtung, der Ausgrenzung und der sich vermehrenden Diktaturen.“

Im Namen Gottes frei sein, das heißt eben nicht: Mach Dein Ding und kümmere Dich um niemanden. Es ist leider, leider viel mühsamer, anstrengender persönlicher – und schöner. Frei sein im christlichen Sinn heißt: Mach Dein Ding und kümmere Dich um die anderen. Sei aufmerksam, schau wie es ihnen geht, fühle Dich verantwortlich für die Gruppe, in der du lebst und die Gesellschaft um Dich herum.

Das Wichtigste was Luther erkannte ist, dass Menschen, die von bestimmten Anerkennungssystemen abhängig sind, immer nur um sich selbst kreisen. Sie beobachten ununterbrochen sich selbst, hinterfragen sich selbst, ringen immerzu um Anerkennung und versäumen dabei das Leben. Und da ist es egal, ob einer um sich selbst kreist, weil er Angst hat in die Hölle zu kommen oder weil er Angst hat bei Facebook *gedisst* zu werden. Der Effekt ist der gleiche: Ich komme in einen Sog der Selbstbeobachtung, der in einem ewigen Selbstzweifel mündet.

Titel (→ Mittel)	(Titel ←) Mittel
Mit dem Geist der Kraft ein neues Lied singen	Zuspruch, Aufruf

„Cut", sagt da der Glaube. Stopp. Es ist Gott, der Dich beurteilt. Niemand anderes hat das Recht dazu. Niemandem darfst Du das Recht einräumen. Es ist dieser Backofen voll von glühender Liebe, wie Luther das ausdrückt, der Dich frei macht im Kern Deiner Existenz. Und da bricht dann ein neuer Geist auf Dich herein, in Dich hinein: eine neue Haltung. Ein neues Lied überall zu singen: gern auch auf der Straße. *Gott hat uns nicht gegeben einen Geist der Furcht, sondern der Kraft und der Liebe und der Besonnenheit.* (2 Tim 1,17)

Drum freut Euch liebe Christen gemeinsam. Und tanzt und springt und bekennt Euch zu einem Gott, der die Anspruchssysteme dieser Welt sprengt und immer wieder sprengt. Der uns lachen lässt über Zukunftsangst und Schwarzseherei. Der uns das Leben lieben lässt und das Leben wagen lässt. Immer wieder neu. Je nachdem welche Lieder die Zeiten singen. Wir singen das immer neue Lied von der Freiheit in Liebe und der Freude an der Welt. Amen

Zur Arbeit mit der Dramaturgischen Homiletik

Wer wie ich in den Medien sogenannte „Verkündigungssendungen" – so der Begriff aus den Rundfunkstaatsverträgen – zu verantworten hat, weiß, dass der dramaturgische Wechsel in Perspektive und Textsorte unerlässlich ist, um Rundfunkhörern eine halbe Stunde Aufmerksamkeit für Gott abzuringen. Wer darüber hinaus sich den biblischen Texten aus der Perspektive des Bibliodrama angenähert hat, eine Methode, die Texte in Szenen auflöst, Begriffe personalisiert und so aus Bibeltexten kleine Dramen macht, für den ist die Dramaturgische Homiletik die Theorie zur Praxis. Ganz einfach….

Bettina Schwietering-Evers

Ein Stück Bürgerrecht auf Erden

Predigt am 23. Sonntag nach Trinitatis zu Philipper 3,17–21

Zur Predigerin

Bettina Schwietering-Evers, geb. 1964, ist Pfarrerin in der Evangelischen Lindenkirche und stellvertretende Superintendentin im Kirchenkreis Charlottenburg-Wilmersdorf in Berlin.

Zum Hintergrund der Predigt

Diese Predigt wurde 2016, am 23. Sonntag nach Trinitatis im Gottesdienst um 10.00 Uhr in der Evangelischen Lindenkirche in Berlin-Wilmersdorf gehalten. Es ist eine *normale* Predigt aus der Gemeindearbeit.

Manuskript der Predigt

Titel (→ Mittel)	(Titel ←) Mittel
Ein Stück vom Himmel	Liedzitat

Ein Stück vom Himmel,
ein Platz von Gott,
ein Stuhl im Orbit,
wir sitzen alle in einem Boot!
Hier ist dein Haus,
hier ist was zählt.
Du bist überdacht
von einer grandiosen Welt.[1]

1 Hier und im Folgenden: Grönemeyer, Herbert, Ein Stück vom Himmel, aus: „12", Grönland Records, 2007.

Titel (→ Mittel)	(Titel ←) Mittel
Bürgerrecht im Himmel	Lesung: Phil 3

Folgt mir, liebe Brüder, und seht auf die, die so leben, wie ihr uns zum Vorbild habt. Denn viele leben so, dass ich euch oft von ihnen gesagt habe, nun aber sage ich's auch unter Tränen: Sie sind die Feinde des Kreuzes Christi.

Ihr Ende ist die Verdammnis, ihr Gott ist der Bauch und ihre Ehre ist in ihrer Schande; sie sind irdisch gesinnt.

Unser Bürgerrecht aber ist im Himmel; woher wir auch erwarten den Heiland, den Herrn Jesus Christus, der unsern nichtigen Leib verwandeln wird, dass er gleich werde seinem verherrlichten Leibe nach der Kraft, mit der er sich alle Dinge untertan machen kann.

Titel (→ Mittel)	(Titel ←) Mittel
Herbert und Paulus	Liedzitat und Bibelwort im Vergleich

Der eine singt „ein Stück vom Himmel", der andere schreibt „unser Bürgerrecht ist im Himmel." Herbert Grönemeyer singt ein Lied und verarbeitet darin seine Ängste über den Irakkrieg als religiösen Krieg. Der Apostel Paulus schreibt in einem Brief von seinen Ängsten und Sorgen über die mögliche Beeinflussung seiner Gemeinde in Philippi von seinen Gegnern.

„Religionen sind zu schonen, sie sind für Moral gemacht". Religionen haben für Herbert Grönemeyer einen gemeinsamen positiven Sinn. Er sagt: „Religion ist wunderbar für jeden Einzelnen, als ein eigenes moralisches Gerüst im Kopf, aber man darf nicht plötzlich anfangen, das als Identifikation zu nehmen oder wie ein Etikett zu tragen."

Folgt mir, liebe Brüder, und seht auf die, die so leben, wie ihr uns zum Vorbild habt. Auch Paulus stellt ethische Forderungen. Er ist der festen Überzeugung, dass dem Glauben Taten folgen.

Und beide zusammen sind sie der Meinung, dass das Himmelreich hier und jetzt existiert, nicht vollständig, aber doch immerhin „ein Stück" davon. Sie appellieren an unsere Verantwortung für die Erde, diesen „Stuhl im Orbit" und „Platz von Gott".

Jesus holt ein Stück vom Himmel auf die Erde. Er erzählt von Gottes Freundlichkeit, er bringt Gottes Güte heilvoll nah, er hinterfragt und bewegt, macht neu, denkt neu. Wo er hinkommt, nimmt Gott selber Platz, wird die Erde zum „Platz von Gott".

Und er ruft uns auf, in seinem Geist zu wirken, damit „ein Stück mehr vom Himmel" Realität wird.

Titel (→ Mittel)	(Titel ←) Mittel
Bürgerrecht hier und dort	Reflexion

In der Stadt Philippi spielt der Besitz des „Bürgerrechts" eine wichtige Rolle. Die einflussreichste Bevölkerungsgruppe ist die römische Oberschicht, es geht um Ansehen, Ehre, Ruhm und Status.

Doch genau darum geht es Paulus nicht. Er spricht vom „Bürgerrecht im Himmel" – nicht auf Erden. Er leiht sich einfach diesen Begriff. Und schon klingt er unverschämt neu und irritierend anders.

Nur Paulus schreibt vom „Bürgerrecht im Himmel". Nirgendwo sonst findet es sich im Neuen Testament. Der Begriff „Bürgerrecht" gehört doch eher zum staatlichen Recht und meint dort „mit bestimmten Rechten ausgestattete Fremdenkolonien außerhalb des Heimatlandes".

Da wohnt also jemand nicht auf dem eigentlichen Territorium eines bestimmten Landes sondern in einer weit entfernten Kolonie und genießt dennoch alle Rechte und Pflichten desjenigen Landes, zu dem die Kolonie gehört.

Und jede christliche Gemeinde – so sieht das Paulus jedenfalls – ist somit eine irdische Kolonie des Himmelreichs. Und wir haben hier in unseren kleinen irdischen Ablegern bereits das volle himmlische Bürgerrecht.

Und längst nicht nur die Christen in Philippi besitzen himmlisches Bürgerrecht, sondern auch die in Thessaloniki und in Korinth, in Berlin und in der Mark Brandenburg und wo auch immer.

Unsere Heimat mag hier sein. Unser Bürgerecht ist im Himmel.

Titel (→ Mittel)	(Titel ←) Mittel
Aber lieber Paulus	Brief I

Lieber Paulus,
du liebst den Austausch mit deinen Gemeinden, und da gehören wir mit dazu. Eigentlich wollte ich dir heute keinen Brief schicken, aber ich kann es doch nicht lassen. Zu sehr bewegt mich, was du schreibst. Du findest starke Worte. Man spürt, dass dir dieser Brief wichtig ist. Du sitzt allein im Gefängnis, schreibst an deine Gemeinde und wirbst für deine Überzeugungen. Du hast wohl gerade viel Zeit, über alles nachzudenken. Und in der Ruhe und Einsamkeit deiner Gefängniszelle zerfällt dir die Welt wieder einmal in zwei Teile, in richtig und falsch.

Du hast ja Recht: Vieles ist nicht so, wie es sein könnte und müsste. Die Welt ist schlecht. In diesen Seufzer, in diesen Ausruf kann auch ich ein ums andere Mal mit einstimmen. Und auch mir kommen dann die Tränen. Ganz so wie dir: Unter Tränen wetterst du und hältst der Welt ihre Nabelschau und ihre Kurzsichtigkeit vor: Sie sind die Feinde des Kreuzes Christi. Ihr Ende ist die Verdammnis, ihr Gott ist der Bauch und ihre Ehre ist in ihrer Schande; sie sind irdisch gesinnt!

Ist ja gut, wir haben verstanden. Aber so findest du keine Freunde. Du nicht und das Evangelium, um das es dir geht, auch nicht. Natürlich ist „die Welt" schlecht. Natürlich ist „die Welt" - wer auch immer das ist - irdisch gesinnt. Wir können doch nicht anders. „Wir sind Sünder allzumal." - Das wird dann ein anderer Theologe sagen, der nach dir kommt. Er wird aber ein „Paulus-Kenner" sein und Deinen Briefen viel verdanken. Und er wird wettern und schimpfen wie du. Ach, so gut kann ich euch verstehen. Aber es verschreckt. Und es ist nicht nötig. Nicht du, nicht ihr müsst diesen Kampf kämpfen. So bleibst du hinter deiner Botschaft zurück. Du bist so in deinen Gefühlen gefangen, dass du gar nicht merkst, wie bedrohlich sich deine Verse für mich anhören: „Wenn du das tust, dann...", „Wenn du jenes nicht änderst, dann..." Solche Sätze führen zu nichts. Sie machen nur Angst!

Titel (→ Mittel)	(Titel ←) Mittel
Doch lieber Paulus	Brief II

Lieber Paulus, lehn dich einen Moment zurück und lies deine eigenen Worte zu Ende:
Unser Bürgerrecht aber ist im Himmel;
woher wir auch erwarten den Heiland, den Herrn Jesus Christus,
der unsern nichtigen Leib verwandeln wird,
dass er gleich werde seinem verherrlichten Leibe nach der Kraft,
mit der er sich alle Dinge untertan machen kann.

Das ist großartig. Unsere Kraft ist klein. Aber Gottes Kraft ist groß. So groß, dass sie sich alle Dinge untertan machen kann. Vertraue auf Gottes Kraft! Gib ab, wenn du zu verzweifeln drohst, verbeiß dich nicht, atme durch und setzte neu an. Verrenn dich nicht im Schimpfen über die Vielen, nimm sie nicht als Schutzschild für Behauptungen und Drohungen. Mach das Tor zum Himmel nicht klein und führe dich nicht als Richter auf. Sprich einfach von dir und deinem Glauben. Und lass Gott seine Dinge tun und entscheiden.

Gott hat seinen Weg zu den Menschen gefunden. Er kommt in die Welt und ist als Mitmensch da. Er erhält unter uns (wenn auch nur auf Zeit) irdisches Bürgerrecht und schenkt uns sein himmlisches.

Am Ende wird ihm sein irdisches Bleiberecht aberkannt. Er erhält die Todesstrafe und wird ins Jenseits abgeschoben. Und doch nimmt er nichts zurück von dem, was er uns bringt. So wechselt er die Seiten, macht die Systeme durchlässig, treibt sein verwirrendes und erlösendes Spiel mit unserer Rechtsprechung und führt menschliches Ringen um Asyl und Bleiberecht ad absurdum.

Diese Tatsache steht fest - und sie steht quer zu der Welt. Sei es drum. Gott wird klar kommen mit denen, die in sich gekehrt leben und ihren Gott im eigenen

Bauch sehen. Gott wird klar kommen mit den Kurzsichtigen und Eigensinnigen, mit den Verirrten, Verwirrten und Verrückten. Er hat den Tod besiegt, da wird er keine Scheu vor Kinderkrankheiten haben.

> Ein Stück vom Himmel,
> der Platz von Gott.
> Es gibt Milliarden Farben,
> und jede ist ein eigenes Rot.
> Hier ist dein Heim,
> dies unsere Zeit.
> Wir machen vieles richtig,
> doch wir machen's uns nicht leicht.[2]

Angst und Ärger sind keine guten Ratgeber, lieber Paulus, und sie sind schlechte Briefschreiber.

Es waren deine Tränen, die mich in die Weite deiner Gedanken zurückgeführt haben. Dein Angerührtsein hat auch mich berührt und die Sehnsucht nach Gottes weitem Himmel in mir wach werden lassen. Wie wunderbar: Unser Bürgerrecht ist im Himmel! Daraus wächst Kraft, und ich gestalte diese alte Erde mit, diesen kleinen Fleck, auf dem ich lebe, und erzähle von der Liebe Gottes zu den Menschen. Amen.

Zur Arbeit mit der Dramaturgischen Homiletik

Eine Jahreszahl kann ich nicht mehr nennen, aber ich erinnere ein kurzweiliges Seminar in Braunschweig, in dem es um erneuerte Predigtlehre ging. „Dramaturgische Homiletik" war mir ein Begriff, aber ich wollte es *im Original* von Martin Nicol und Alexander Deeg kennenlernen. Und ich war beeindruckt: bei den beiden ging es nicht nur „im Wechselschritt zur Kanzel"[3], sondern auch im Wechselschritt durch die verschiedensten Einheiten des Seminares. Die zwei konnten einander, so verschieden wie sie waren, mitten im Satz ablösen und es blieb trotzdem ein geschmeidiges Ganzes. Es war die Vielfalt der Impulse und Leichtigkeit und Schönheit der einzelnen, ausgearbeiteten Gedanken und Schritte, die mich erfreuten und für sich einnahmen. So soll Predigtarbeit sein: Vergnüglich, kurzweilig, interessant, kreativ und im besten Sinn immer wieder neu.

Das Gelernte und Erlebte ist ganz praktisch in meinen Alltag übergegangen. Ich bin eine echte *Überzeugungstäterin* geworden. Jede Vikarin und jeder Vikar

---

2 Grönemeyer, Herbert, Ein Stück vom Himmel, aus: „12", Grönland Records, 2007.

3 Vgl. Nicol, Martin / Deeg, Alexander, Im Wechselschritt zur Kanzel. Praxisbuch Dramaturgische Homiletik, Göttingen ^{2}2013.

und auch einige Kolleginnen und Kollegen profitieren davon, wenn wir im Stile der Dramaturgischen Homiletik ins Arbeiten kommen.

Irgendwann ist es soweit: Die erste Predigt des neuen Vikars oder der neuen Vikarin steht im Predigtplan. Die Liturgie lässt sich durch Üben und Ausprobieren auch stückweise erlernen. Anders bei der Predigt. Hier stehen bis zu 20 Minuten freies Tun und Lassen auf dem Programm! Für mich als Mentorin bedeutet das, dass in der gemeinsamen Predigtarbeit nicht nur das Gegenüber Farbe bekennen wird und muss, sondern dass auch ich selbst dazu bereit sein muss.

Die erste Vikars-Predigt benötigt guten Vorlauf. Zeitig gibt es die Verabredung zu einem ersten gemeinsamen Lesen des biblischen Textes, der Grundlage für die Predigt sein soll. Gerne schließe ich daran einen Spaziergang an, auf dem im freien Gespräch erste Ideen, Gedanken und Predigthemen geäußert werden, die auf Karteikarten notiert werden.

Im Anschluss werden die Ideen und Gedanken, Sätze und Einfälle auf den Karteikarten gemeinsam gesichtet und sortiert. Wo gibt es Themenkreise, welche Fragen müssen geklärt werden, welche Spuren führen in die ähnliche Richtung?

Nach meiner Erfahrung gibt es ein ausgesprochen hilfreiches Kriterium, das ich den Vikaren gerne weiter gebe: Hast du Lust, dieser Spur nachzugehen? Nimmt der Gedanke mit Leichtigkeit in deinem Kopf Gestalt an?

Zu diesem Zeitpunkt schalte ich mich gerne wieder ein und biete an, auf die Gedankensplitter, die bereits ausformulierten Passagen, die Stichworte zu schauen.

Wie von selbst entstehen in dieser gemeinsamen Arbeitsphase *Titel* für die einzelnen Predigtabschnitte, die dann dazu geschrieben werden können, wenn sie nicht schon dastehen. Den Feinschliff des Textes übernimmt Vikar beziehungsweise Vikarin dann wieder allein.

Je länger ich in dieser Weise mit Vikarinnen und Vikaren zusammen an Predigten arbeite, umso überzeugter bin ich davon, dass auf diese Weise genauso gut auch Kollegen und Kolleginnen im Pfarrdienst zusammenarbeiten können. Geht es in unserer Botschaft doch um das dialogische Geschehen zwischen Gott und Mensch und ist das Predigen doch ebenfalls ein dialogisches Geschehen zwischen Predigenden und Bibelwort und Hörerinnen und Hörern, so kann doch ein Dialog im Erarbeiten der Predigt nur nützlich und dienlich, vielleicht sogar notwendig und heilsam sein. Die Vorbereitung einer Predigt gehörte so nicht länger ins stille Kämmerlein, sondern würde im Zusammenspiel der kollegialen Partner im Pfarrdienst entstehen. Sie teilten sich eine Predigtwerkstatt, die aus den gemeinsamen Ideen und Worten schöpft und dennoch dem Individuum die je eigene Handschrift ermöglicht. Meiner Überzeugung nach wäre so auch einem Grundübel gegenwärtiger Kanzelrede entgegenzuwirken: Der unerträglich pastorale Habitus und die langweiligen, stets abgesichert richtigen Sätze entspringen doch einer tiefsitzenden Angst, allein mit der so über die Maßen schweren Aufgabe betraut zu sein, das Evangelium in die Welt zu tragen. Wer Angst hat, sagt vorsichtshalber allgemeingültige Richtigkeiten und bedient bewährte Klischees. Eine im Dialog von zwei oder drei Kollegen und Kolleginnen entstandene Predigt hingegen hält im Predigenden die Erinnerung wach an vergnügliches gemeinsames Tun, an fruchtbare Gespräche, irritierend neue Einsichten und die gegenseitige Vergewisserung, miteinander und durch einander (!) auf der richtigen Fährte zu sein. So entstehen mutige, ungewöhnliche Predigten, die anders klingen und gehört werden.

Julia Illner

Ein Stück Himmel schon jetzt

Predigt am Ewigkeitssonntag zu Offenbarung 21,1–7

Zur Predigerin

Julia Illner, geb. 1983, hat in Erlangen Evangelische Theologie und Christliche Publizistik studiert. Seit 2016 ist sie Pfarrerin der Evangelisch-Lutherischen Kirche in Bayern und ist als Gemeindepfarrerin an der Reformations-Gedächtnis-Kirche in Nürnberg-Maxfeld.

Zum Hintergrund der Predigt

Für den letzten Sonntag im Kirchenjahr werden die Bezeichnungen „Ewigkeitssonntag" und „Totensonntag" oft neben- und miteinander verwendet. Doch handelt es sich strenggenommen um zwei verschiedene Proprien, denen im Gottesdienstbuch auch unterschiedliche Texte zugeordnet werden: Vom „Ewigkeitssonntag" mit dem Schwerpunkt auf der christlichen Hoffnung auf das ewige Leben wird der „Gedenktag der Entschlafenen" unterschieden.

Wird, wie häufig üblich, nicht in einem zusätzlichen Gottesdienst, sondern im regulären Sonntagsgottesdienst der Verstorbenen des letzten Jahres gedacht, tut sich damit ein Spannungsfeld auf zwischen der „Trauer um geliebte Verstorbene" und der „freudige[n] Hoffnung auf das in Christus geschenkte ewige Leben"[1].

In der vorliegenden Predigt wurde bewusst der Predigttext des Ewigkeitssonntags ausgewählt, auch wenn im Gottesdienst durch Verlesen der Namen und Entzünden von Kerzen der Verstorbenen gedacht wurde.[2] So wird derjenige

1 Heidrich, Andreas, Letzter Sonntag des Kirchenjahres (Ewigkeitssonntag). Freude – Zweifel – Trauer, in: Der Gottesdienst im christlich-jüdischen Dialog. Liturgische Anregungen, Spannungsfelder, Stolpersteine, hg. v. Alexander Deeg, 225.

2 Vgl. den Hinweis von Bieritz, dass die Texte des Ewigkeitssonntags „sehr wohl geeignet sind,

Spannungsbogen zwischen Trauer und freudiger Hoffnung, mit dem Christen angesichts des Todes leben, liturgisch-homiletisch nachgezogen.

Der Predigttext Offb 21,1–7 besticht durch seine starken Bilder, bei denen freilich gerade wegen ihrer Monumentalität die Gefahr lauert, sie in der Predigt abstrakt und dadurch lebensfern zu machen. Um demgegenüber die biblischen Bilder für die Hörerin und den Hörer lebendig zu machen, werden sie in der vorliegenden Predigt ins Wechselspiel mit einem Stück Literatur gebracht.[3] Das Bild vom „Himmel“ aus dem Roman eröffnet das Bild vom „Himmel“ aus dem Buch der Offenbarung und umgekehrt.[4]

Diesem Wechselspiel der Bilder liegt die Intention der Predigerin zugrunde, den Hörerinnen und Hörern zuzusagen, dass mit der Verheißung eines neuen Himmels und einer neuen Erde schon jetzt ein Stück Himmel auf Erden geschenkt ist.

Manuskript der Predigt

Titel (→ Mittel)	(Titel ←) Mittel
Der Himmel – was ist das?	Assoziationen, Meditation

Der Himmel – was ist das eigentlich?
Der Horizont, der sich über uns wölbt.
Der Raum über der Erdkugel.
Die Atmosphäre des Weltalls.
Der Himmel – man könnte auch sagen, das ist:
Die Sphäre des Göttlichen.
Der Ort, an dem Gott wohnt.
Der Ort, an den Menschen kommen, wenn sie sterben.
Der Himmel:
Dort wo irdische Nöte ein Ende haben,
wo ewiger Frieden ist und Glückseligkeit.

So unendlich weit von uns entfernt,
so unerreichbar ist der Himmel von der Erde.

auch die Erwartungen, Klagen, Ängste, Hoffnungen, Fragen aufzunehmen, die sich mit dem ‚Totensonntag‘ verbinden“, Bieritz, Karl-Heinrich, Einführung in das Proprium de tempore, in: Ergänzungsband zum Evangelischen Gottesdienstbuch, 188.

3 Inspiriert wurde dieses Wechselspiel von dem Radio Beitrag von Christian Feldmann, Der Himmel – Bilder vom ewigen Glück, in Bayern2 Radio Wissen (vom 02.11.2016).

4 Vgl. zum Wechselspiel zwischen „Künstlerwort und Kanzelsprache“: Nicol, Martin / Deeg, Alexander, Im Wechselschritt zur Kanzel, Göttingen [2]2013, 131–134.

Von der Erde aus
ist der Himmel immer der andere Ort.
Das kann Hoffnung und Sehnsucht wecken
aber auch Schmerz
denn die Vorstellung des Himmels zeigt,
woran es auf der Erde mangelt.

Titel (→ Mittel)	(Titel ←) Mittel
Zwischen Himmel und Erde	Antithese zum Bibelwort

Liebe Gemeinde,
auch das biblische Wort für den heutigen Ewigkeitssonntag erzählt vom Himmel. Wir haben in der Lesung gerade gehört, wie Johannes, der Seher, im letzten Buch der Bibel von der Vision erzählt, die Gott ihn schauen ließ.

Vom Himmel erzählen die biblischen Worte, und auch von der Erde. Aber sie erzählen nicht von dem Himmel und der Erde die wir kennen. Es heißt: *Johannes sah einen neuen Himmel und eine neue Erde; denn der erste Himmel und die erste Erde sind vergangen, und das Meer ist nicht mehr.*

Ein neuer Himmel umwölbt eine neue Erde. Das verheißen die Worte der Bibel!

Und die Worte der Bibel erzählen auch, wie wir uns diesen neuen Himmel und die neue Erde vorstellen können: *Gott wird bei den Menschen wohnen, und sie werden sein Volk sein und er selbst, Gott mit ihnen, wird ihr Gott sein;* das sieht Johannes.

Aber wir? Wir kennen auch das Gefühl, dass Gott fern ist, dass er nicht bei uns wohnt. Wir kennen Trauer und Schmerz, und vielleicht auch das Gefühl von Gott verlassen zu sein: Ein geliebter Mensch, der viel zu früh aus dem Leben gerissen wird. Eine tödliche Krankheit, bei deren Fortschreiten man nur hilflos zusehen kann. Seelische Qualen, die einen Menschen heimsuchen.

Manchmal, da schaue ich auf die Welt und kann nicht anders als mir schmerzlich bewusst werden, dass Gottes Wohnung eben noch nicht ganz bei uns ist.

In der Bibel, da heißt es: *Gott wird abwischen alle Tränen von ihren Augen, und der Tod wird nicht mehr sein, noch Leid noch Geschrei noch Schmerz wird mehr sein;* das sieht Johannes.

Und wir? Wir spüren schmerzlich die Macht des Todes. Spüren sie, wenn wir uns von geliebten Menschen verabschieden müssen, spüren sie aber auch am eigenen Leib. Wir sehen noch Leid, hören noch Geschrei und Schmerz. In den Kriegen der Welt, vielleicht aber auch in unserem Bekanntenkreis, in unserer Familie, und bei uns selbst. Und Tränen, die kennen wir auch noch, und nicht immer werden sie getrocknet.

Titel (→ Mittel)	(Titel ←) Mittel
Ein Stück Himmel	Bericht über einen Roman

Und doch hören wir die Worte der Bibel, hören wir, was verheißen wird: *Ein neuer Himmel und eine neue Erde; Gott wird bei den Menschen wohnen, und sie werden sein Volk sein und er selbst, Gott mit ihnen, wird ihr Gott sein; und Gott wird abwischen alle Tränen von ihren Augen, und der Tod wird nicht mehr sein, noch Leid noch Geschrei noch Schmerz wird mehr sein; denn das Erste ist vergangen.*

Ist das nur eine Vertröstung? Ein schönes Bild, das uns ausgemalt wird, und uns dann aber alleine zurück lässt? In dem Bewusstsein, dass es jetzt noch nicht so weit ist?

Ich glaube, dass die Worte unseres heutigen Predigttextes mehr sein können als das. Ich muss an einen Roman denken, an eine Autobiographie.
Janina David, eine Jüdin, erzählt in ihrer Autobiographie, die den Titel „Ein Stück Himmel" trägt, von ihrer Kindheit in Warschau zur Zeit des Dritten Reiches. Die ganze Familie versteckte sich als letzte Zuflucht in einem winzigen, schmutzigen Hinterhof-Zimmer. Not, Angst und Einsamkeit bestimmen das Leben. Doch eines hält Janina, das junge Mädchen, aufrecht. Der Blick durch ein winziges Fenster auf ein Stück Himmel. Stundenlang starrt sie durch dieses winzige Fenster in den Himmel.

Und dieses Stück Himmel gibt ihr Hoffnung, dass es einmal anders werden kann, dass da noch mehr ist im Leben als Not und Leid. Dieses Stück Himmel schenkt Janina die Zuversicht auf eine bessere Zukunft. Und Janina traut sich zu hoffen. Angst und Schmerz, sie sind noch da. Aber sie verlieren ihre Übermacht. Denn ein Stück Himmel ist schon jetzt da, mitten auf der Erde, mitten im Leben.

Titel (→ Mittel)	(Titel ←) Mittel
Wie ein Fenster zum Himmel schon jetzt	Zeugnis, Zuspruch

Liebe Gemeinde, ein solches Stück Himmel sind für mich die biblischen Worte unseres Predigttextes. Wie ein Fenster zum Himmel, sind sie für mich. Denn sie lassen mich auf den neuen Himmel und die neue Erde blicken, der einmal sein wird.

Gott wird abwischen alle Tränen von unseren Augen, und der Tod wird nicht mehr sein. Gott wird bei uns Menschen wohnen, und wir werden sein Volk sein und er selbst, Gott mit uns, wird unser Gott sein;

Bei aller Sorge, bei aller Trauer, bei aller Verlassenheit, die wir erleben mögen. Im Versprechen Gottes an uns, ist es da, dieses Stück Himmel, schon jetzt, mitten auf der Erde, mitten im Leben. Es ist da.

Und wie Janina gibt mir dieses Stück Himmel mir Mut für die Zukunft.

Denn Gott verspricht: *Siehe, ich mache alles neu!* Und ich traue mich zu hoffen, schon jetzt, dass nicht Leid und Not das letzte Wort haben werden. Und ich merke, dass ich neuen Mut zum Leben bekomme, schon jetzt.

Gott verspricht: *Siehe, ich mache alles neu!* Und ich traue mich zu hoffen, schon jetzt, dass es ein gutes Ende nehmen wird mit der Welt.

Gott verspricht: *Siehe, ich mache alles neu!* Und ich traue mich darauf zu hoffen, schon jetzt, und alle Tage meines Lebens und in alle Ewigkeit!

Amen

Zur Arbeit mit der Dramaturgischen Homiletik

Immer freitagnachmittags, im Hörsaal B, im Theologischen Seminargebäude eröffnete sich mir eine neue Welt. Das homiletische Seminar war für mich mehr als „Predigen lernen" (so der Titel des damaligen Seminars). Ich lernte nicht das Predigen, sondern ich erlebte Predigtmachen. Ich erlebte es, einander in die Bilder, Worte und Geschichten der Bibel zu setzen. Ein Schritt in eine neue Welt war es für mich, die Bibel zwischen Kunst und Alltag zu erfahren. Mich neu zu erfahren als „pastor legens"[5]. Zu erfahren, wie eine Predigt Ereignis sein kann.

Bis heute schätze ich die Dramaturgische Homiletik nicht „nur" als Methode, sondern als Haltung. Dass ich die Worte, Bilder und Geschichten der Bibel groß mache, gerade indem ich sie ins Wechselspiel mit eigenen Bilderwelten bringe – das prägt für mich meine ganze Arbeit als Pfarrerin. Ob auf der Kanzel, in der Schule, beim Gartenzaun-Gespräch oder auf dem Friedhof.

Die Worte, Bilder und Geschichten der Bibel ins Zentrum meiner Arbeit stellen zu dürfen, ohne dabei ins lebensleere Historisieren zu geraten, empfinde ich als Geschenk – wie auch als Herausforderung. Doch auch wenn ich immer wieder an den Punkt komme, an dem ich voller Demut vor den biblischen Bildern stehe, möchte ich das Ringen um eigene Bilder niemals missen. Denn: Es macht auch unglaublich viel Spaß.

Vielleicht ist es sogar dies, was ich am allermeisten an der Dramaturgischen Homiletik schätzen gelernt habe: wie sie dazu einlädt Predigt zu machen. Spielerisch und kreativ, mit Freude an den Worten, Bildern und Geschichten der Bibel und doch voller Leidenschaft und Ernsthaftigkeit gegenüber der eigentlich unmöglichen Aufgabe als Predigerin von Gott zu reden.

5 Deeg, Alexander, Pastor legens. Das Rabbinat als Impulsgeber für ein Leitbild evangelischen Pfarramts, in: PTh 93 (2004), 411–427.

Thomas Hirsch-Hüffel

Drei Engel

Predigt zum Thema „Engel“

Zum Prediger

Thomas Hirsch-Hüffel, geb. 1954, ist Pastor und seit 1997 Leiter des Gottesdienst-Instituts der Nordkirche. Davor arbeitete er 12 Jahre in städtischen Gemeinden Hamburgs. Er ist ausgebildet in theatralen, rhetorischen und therapeutischen Disziplinen und Mitglied im Beirat des *Atelier Sprache e.V.*

Zum Hintergrund der Predigt

Die Predigt ist Werkstück und wurde für keinen speziellen Gottesdienst gestaltet.

Manuskript der Predigt

Titel (→ Mittel)	(Titel ←) Mittel
Jemand hört mit	Szenen geschnitten mit Reflexion, Fragen I

Liebe Gemeinde!
Gott hat seinen Engeln befohlen über dir, dass sie dich behüten auf all deinen Wegen. (Ps 91,11)

Der wütende junge Mann trommelt gegen die Tür. Wir sehen seine Freundin öffnen, er schlägt ihr mehrmals ins Gesicht. Sie weint. Sie schlafen miteinander. Danach wird es still.

Zwei Engel reden still miteinander über die Szene:
– Ich dachte, sie schickt ihn jetzt weg. Sowas kann man sich doch nicht gefallen lassen. Das geht schon seit zwei Jahren so. Ich glaub, sie liebt ihn noch.

- Weiß nicht. Das ist eine Dauerbaustelle.
Und Stunden später:
Schau, sie sind aufgewacht.
- Ja, sie sehen sich an.
Hast du gehört, was sie gesagt hat?: „Ich bleib bei dir, aber nur, wenn du mich nie mehr schlägst."
- Und er hat nichts gesagt, nur geweint.
Und, was willst du machen?
- Weiß nicht. Ich glaub, ich schick ihm einen Traum. Da wird er seinen Vater treffen. Der wird sich bei ihm für seine Schläge damals entschuldigen. Mehr kann ich jetzt nicht für ihn tun.

Jemand geht mit uns. Da ist ja eine Stimme in uns, die alles weiß.

Die Frau erschrak schon in der ersten Sekunde, als sie diesen scheinbar sonnigen Mann traf und wollte weggehen. Sie hat diese Sekunde übersehen – und blieb. Es zeigte sich noch ein anderer Mensch hinter dem netten Gesicht.

Diese winzige Regung: Was ist das für ein Geheimwissen, und woher kommt es?

Aber auch in ihm gibt es diese kleine zähe Sekunde, bevor er schlägt. Die fühlt sich ohnmächtig an. So als müsste er in sich einstürzen. Etwas sagt: ‚Ich bin klein, mein Herz war rein. Soll niemand drin wohnen als Papa allein.' Das will er nicht mehr hören – nie wieder.

Der Engel sagt unverdrossen: Dahin geht's.
Aber er will nicht.
Vielleicht hilft der Traum? sagt der andere Engel.

Titel (→ Mittel)	(Titel ←) Mittel
Von der (Ohn)Macht der Engel	Szenen geschnitten mit Reflexion, Fragen II

Der junge Mann trifft eine Kindheitsfreundin wieder beim Klassentreffen, und die zeigt ihm ein altes Bild. Da kniet er im Gras, wirft Blätter in die Luft und leuchtet. Er wird dies Bild angucken, und das vergangene Glück wird beißen mit seinem kleinen Zahn in sein Herz. Er muss nach draußen gehen, weil er keine Luft mehr kriegt.

Wer hat ihm das überreicht? Die Freundin? Der Engel in, mit und unter der Freundin? Egal, wie religiös Menschen sind, eine ‚andere Gegenwart' spüren viele. Dass noch etwas im Raum ist, etwas ohne Namen.

Die andere Gegenwart erscheint als Flügel. Denn sie ist flüchtig-schwebend und geschieht in den Ritzen des Universums.

Als die Sterndeuter abgereist waren, erschien Josef im Traum ein Engel des Herrn und sagte: »Steh auf, nimm das Kind und seine Mutter und flieh nach Ägypten!

Bleib dort, bis ich dir neue Anweisungen gebe. Denn Herodes wird das Kind suchen lassen, weil er es umbringen will. (Mt 2,13)

Unsere beiden Engel, die das Paar anschauen, sind eher von der sanften Sorte. Die Kirchen in den ersten Jahrhunderten kannten Engel, die konnten mit dem Schwert hantieren oder sich ins Gefecht werfen.

Titel (→ Mittel)	(Titel ←) Mittel
Gerettet - von wem auch immer	Szenen geschnitten mit Reflexion, Fragen III

Nun erscheint ein dritter Mann sehr leiblich in der Wohnungstür. Es ist ihr Bruder. Sie hat ihn nicht gerufen, er ist von sich ausgekommen. Er weiß schon länger Bescheid. Die beiden Männer stehen einander im Flur gegenüber. Es ist jetzt sehr still. Eine zähe Sekunde - und ihr Freund schlägt zu. Minuten später sehen wir sie und den blutenden Bruder vor dem Haus in ihr Auto humpeln.
Sie haben den Schläger in der Wohnung eingeschlossen und den Streifenwagen geholt. Fahren los. „Warum hast Du Dich denn ohne Deckung vor ihn hingestellt?" fragt sie ihn. Er hält sich ein Handtuch vors Gesicht und schweigt. Er: "Was soll ich machen? Bin ich Jesus?" Sie lacht plötzlich. Es schüttelt sie so, dass sie am Straßenrand halten muss. Er guckt sie aus dem verquollenen Auge an und schüttelt den Kopf. „Ja" lacht sie, „irgendwie ja."

Er verzichtete auf alle seine göttlichen Vorrechte und stellte sich auf dieselbe Stufe wie ein Diener. Er wurde einer von uns - ein Mensch wie andere Menschen. (Phil 2,7)

Die beiden vorsichtigen Engel reden im Moment nicht mehr miteinander. Eine Woche Funkstille und Engel-Ärger. Der eine ist sauer, weil der andere heimlich einen der antiken Engel mobilisiert hat. Das sind die, die sich direkt aussetzen. „Träume senden - das bringt doch nichts."

Dieser Dritte hat sich nun auch verprügeln lassen und geriet in den Verdacht, Jesus persönlich zu sein. Oder ist Jesus auch ein Engel? Oder ein Mensch? Ja, was denn nun?

Bist Du Gottes Sohn? fragte Pilatus ihn. Er antwortete: Du sagst es! (frei nach Joh 18,37)

Den Traum hat der sanfte Engel dann trotzdem geschickt.
Schweißnass ist junge Mann davon aufgewacht …

Zur Arbeit mit der Dramaturgischen Homiletik

Ich kenne die Dramaturgische Homiletik aus einem Wochenkurs in Braunschweig. Martin Nicol und Alexander Deeg brachten das kurzweilig bei. Solche alternativen Methoden sind mir lange, das heißt seit 1980 geläufig.

Erstaunt war ich, wie sehr sich ein solches Verfahren im offenbar konkurrenzigen Uni-Betrieb der Schläge vom anderen Dozierenden scheinbar erwehren muss. Das sagt etwas über die Ignoranz des lehrenden Predigtbetriebes. Ich persönlich wurde bestärkt in meinen wilden Collagen, die ich ohnehin immer schon gepflegt hatte.

Peter Bubmann

Eingeladen zum Fest des Glaubens

Predigt zum Thema „Feiern“

Zum Prediger

Prof. Dr. Peter Bubmann, geb. 1962, ist evangelischer Theologe, nebenberuflicher Kirchenmusiker und Komponist neuer geistlicher Lieder. Seit 2002 ist er Professor für Praktische Theologie (Religions- und Gemeindepädagogik) im Fachbereich Theologie der Friedrich-Alexander-Universität Erlangen-Nürnberg.

Zum Hintergrund der Predigt

Die Predigt wurde 2013 in einem Gottesdienst mit dem Thema „Feiern“ in der Themenreihe „Gottesdienst“ im Erlanger Universitätsgottesdienst in der Neustädter Kirche gehalten. Lesungstexte (vor der Predigt): Exodus 23,10–17 und Offenbarung 19,1–9, auf beide nimmt die Predigt Bezug.

Manuskript der Predigt

Titel (→ Mittel)	(Titel ←) Mittel
Können Protestanten feiern?	Variationen, Zitat

„Ich feiere – also bin ich.“ „Celebro – ergo sum.“
Ist das ein Satz für Protestanten? Sind wir nicht eher für die Gedankenschwere zuständig, ja manchmal auch für den Schwermut bekannt, und auch fürs kritische Reflektieren und fürs Bekennen, das Protestieren, also dafür, Zeugnis ablegen zu können für etwas, etwa für die Freiheit des Glaubens. Und ist das eigentlich ein genuin lutherischer Satz: „Hier feiere ich – ich kann nicht anders.“?

„Celebro - ergo sum." „Ich feiere - also bin ich." Den Satz könnte ich auch umformulieren:

„Zeige mir, wie du feierst, und ich sage Dir, wer Du bist." An Deiner Art zu feiern kann ich deinen Glauben ablesen, deine Lebensphilosophie und die Grundlinien deiner Lebenskunst.

„Ich feiere - also bin ich." Ich meine: Als Evangelische, als solche, die aus der Kraft des Evangeliums leben wollen, haben wir allen Anlass, uns diesen Satz zu eigen zu machen:

„Ich feiere - also bin ich." Denn die frohe Botschaft des Auferstandenen lässt sich zusammenfassen in dem Refrain christlicher Lebenskunst: „Eingeladen zum Fest des Glaubens, eingeladen zum Fest des Glaubens."

> Aus den Dörfern und aus Städten, von ganz nah und auch von fern, mal gespannt, mal eher skeptisch, manche zögernd, viele gern, folgten sie den Spuren Jesu, folgten sie dem, der sie rief, und sie wurden selbst zu Boten, dass der Ruf wie Feuer lief:
> Eingeladen zum Fest des Glaubens, eingeladen zum Fest des Glaubens. Eingeladen zum Fest des Glaubens, eingeladen zum Fest des Glaubens.[1]

Titel (→ Mittel)	(Titel ←) Mittel
Von Festen, Träumen und Ekstasen	Beispielgeschichten

Seit gut zwei Wochen läuft der Film „Die andere Heimat" von Edgar Reitz in den Kinos. Dieses große Epos über das Leben im Hunsrück im 19. Jahrhundert beobachtet sehr genau die Menschen in ihrem kargen Dasein, ihren Mühen, in ihren Sehnsüchten und Träumen nach dem besseren, guten Leben. Und eben beim Feiern. Ein guter Teil des vier Stundenfilms ist den Ritualen und Festen gewidmet: den traurigen - und davon gibt es genug, und den fröhlichen, dem Tanz auf der Tenne und dem weinseligen Gelage.

Für die armen Hunsrücker waren im 19. Jahrhundert die Feste die einzigen Möglichkeiten, auf Zeit ihrem mühevollen Erdendasein etwas zu entfliehen. Fluchten aus dem Alltag, gewiss, aber zugleich auch Ausblicke auf die Möglichkeit eines anderen Lebens, die Zeit, wo der „Möglichkeitssinn" (von dem Robert Musil sprach) gegenüber dem ernüchternden Wirklichkeitssinn geschärft wurde. Da wurden nach dem Tanz nicht nur Kinder gezeugt als Versprechen für eine bessere Zukunft sondern Träume ersonnen, die zu neuen Aufbrüchen führen sollten.

Natürlich kann man sehr unterschiedlich feiern. Wenn Techno-Freaks das Wochenende durchfeiern, ist das etwas anderes als wenn das Firmenjubiläum oder 500 Jahre Reformation gefeiert werden. Die besinnungslose Ekstase im

1 Eingeladen zum Fest des Glaubens, Text: Eugen Eckert, Melodie: Alejandro Veciana, in: Kommt, atmet auf. Liederheft für die Gemeinde, hg. im Auftr. des Landeskirchenrates der Evangelisch-Lutherischen Kirche in Bayern, Nürnberg 2011, Nr. 063, Str. 1.

Rausch ist die Sache der Protestanten nicht, sie gilt auch in der weltweiten Ökumene nicht unbedingt als Inbegriff christlicher Lebenskunst. Ein bisschen Ekstase allerdings gehört überall dazu: ein Höhepunkt, ein Verlassen des ganz Alltäglichen, ein Durchbrechen des sonst Üblichen. Ja, ein Außer-sich-sein.

Ich stelle mir Jesus als jemanden vor, der in gewisser Weise ganz außer sich war und gerade dadurch bei seiner Mission. Weil er ganz in Gott und aus Gott lebte, weil er auf diese Weise außer sich war und zugleich bei sich, konnte er das Leben auf eine Weise feiern, die ansteckte. So konnte und kann für die, die ihm nachfolgen, die in seinen Spuren wandeln, das Leben zu einem Fest werden. Jesus rief seine Jünger und ruft uns als der Christus heute zu diesem Fest des Lebens.

Titel (→ Mittel)	(Titel ←) Mittel
Ermahnung zum Feiern	Erklärung

Muss man uns also vorschreiben, regelmäßig zu feiern? Unsere alttestamentliche Lesung tut es. Gerade so als hätte sie schon etwas von der protestantischen Welt des Workaholismus gewusst, vom Gott der Arbeit und dem angeblichen Teufel der Vergnügung, den der protestantische Puritanismus oft genug an die Wand gemalt hat. Gewiss kann man es mit dem Feiern übertreiben. Es geht immer um das rechte Maß und den richtigen Rhythmus. Und der lautet nach der Auskunft des Bundesbuches des Ersten Testaments: Sechs plus eins, sechs Jahre und ein Brachjahr, sechs Tage und ein Feiertag. Sechs plus eins – das ist ein interessanter Rhythmus, denn Siebenerrhythmen haben immer etwas Unregelmäßig-Überschießendes. Das lässt sich weder in gerade Marschrhythmen noch in tanzende Dreierrhythmen einteilen. Immer gerät etwas aus dem Takt, ganz bewusst und planvoll. Der Jazz macht sich das in Stücken im 7/8-Takt zunutze, da flirrt das Leben in besonderer Dynamik. Im Siebenertakt steckt etwas Transzendentes drin.

Der Siebenertakt der Woche wie der Jahre verweist darauf, dass Gott in unsere Zeit dazwischengeht. Vom Eingreifen Gottes lebt die Menschenzeit. Deshalb sind die Gebote des Dekalogs insgesamt verbunden mit der Erinnerung daran, wie Gott beim Exodus aus Ägypten helfend eingriff und wie er ins gelobte Land führte.

Ein „gelobtes Land“ ist dabei ein solches, das immer wieder aus dem Takt der agrikulturellen Verwertbarkeit gebracht wird, um sich zu erholen. Eine „gelobte Gesellschaft“ ist in den Augen Gottes eine Gesellschaft, die inmitten ihrer ökonomischen und beruflichen Betriebsamkeit innehalten kann und so neue Kraft schöpft, nicht, um immer noch weiter zu rennen, sondern um ggf. auch die Richtung überhaupt zu überdenken und neu anzusetzen.

Deshalb ist es gut, dass die christliche Woche mit dem Sonntag beginnt und dass das neue Semester am letzten Dienstagabend mit einer ökumenischen Gottesdienstfeier begann. Mitten im Aufbruch nochmals innehalten, genau hinhören und stille werden vor Gott.

„Sechs Tage sollst du deine Arbeit tun; aber am siebenten Tage sollst du feiern, auf dass dein Rind und Esel ruhen und deiner Sklavin Sohn und der Fremdling sich erquicken." (Ex 32,12) So hörten wir es vorhin in der Lesung.

Das ist schon eine besondere Note, die der Gott Israels da mit seinem Gebot aus der Sozialgesetzgebung in die Feierkultur der Menschheit einbringt. Das Fest und die Feier: Sie dienen nicht allein und zuerst der Festigung einer verschworenen Gemeinschaft. Kriterium eines guten Festes wird vielmehr, dass gerade die Unterdrückten und Unterprivilegierten und die Fremden und Anderen an diesem Tag „sich erquicken" können. So dass auch sie mit Psalm 23 sagen können: *„Du erquickest meine Seele"*.

Das Feiertagsgebot ist ursprünglich ein Ruhegebot (nur Luther übersetzt an dieser Stelle „am siebenten Tage sollst du feiern", in anderen Übersetzungen steht „sollst du ruhen"). Es betrifft zunächst die Erntezeiten. Das ist eine kluge Regel der Lebenskunst. Sie setzt darauf, dass Überlastung und damit Ausfall durch Erkrankung vermieden wird. Gerade wo die Arbeit am meisten ist, in der Erntezeit, oder in der ersten Vorlesungswoche, braucht es Ruhe- und Feierzeiten. Eine sinnvolle Burnout-Prophylaxe also. Diese gilt für alle an der Arbeit Beteiligten: Rind und Esel, den Sohn der Sklavin wie für den Fremdling.

Auf solches Ruhen und Feiern warten die osteuropäischen Leiharbeiterinnen in den modernen Sklavenkolonien unserer Zweiklassengesellschaft häufig vergeblich. Und die fernöstlichen Sklaven der internationalen Konzerne und Billigproduzenten ohnehin. Die Flüchtlinge aus Afrika sperren wir vorsichtshalber gleich in Lager ein, damit sie weder arbeiten noch mit uns feiern dürfen.

Demgegenüber erinnert der göttliche „Sechs plus eins – Rhythmus", der ungerade Takt des wahren Lebens, daran, dass alle Menschen Anspruch haben auf den richtigen Rhythmus zwischen Arbeit und Erholung. „Quicklebendig" sollen Menschen am Ruhetag, beim Fest und der Feier werden.

Titel (→ Mittel)	(Titel ←) Mittel
Inklusiv feiern	Zitat, Reflexion

Und so kamen sie in Scharen, brachten ihre Kinder mit, ihre Kranken, auch die Alten, selbst die Lahmen hielten Schritt. Von der Straße, aus der Gosse kamen Menschen ohne Zahl, und sie hungerten nach Liebe und nach Gottes Freudenmahl:
Eingeladen zum Fest des Glaubens, eingeladen zum Fest des Glaubens. Eingeladen zum Fest des Glaubens, eingeladen zum Fest des Glaubens.[2]

2 A. a. O., Str. 2.

Feiern kann uniformieren, im rhythmischen Stampfen der Beats beim Party-Event, im überdrehten Randalieren der alkoholisierten Oktoberfestbesucher, auch in der manipulativen Ekstase sektiererischer Rituale.

Das Fest des christlichen Glaubens zu feiern, heißt jedoch gerade nicht zu uniformieren. Hier feiern alle zusammen und bringen doch ihre je verschiedene Eigenheit mit. Das ist nicht das Fest der verschworenen Heimatgemeinschaft, also nur derer, die sich ohnehin immer schon nahe waren. Christlich feiern bedeutet aushalten, dass die Menschen sich unterschiedlich beteiligen, nahe dran sind oder nur von Ferne zusehen, skeptisch dabeistehen oder gerne laut alles mitsingen. Entscheidend ist nicht, dass wir alle in gleicher Weise glauben und feiern, sondern dass uns alle der gleiche Ruf gilt: Ihr seid eingeladen zum Fest des Glaubens.

Wir feiern das Leben im Sinne Christi, wenn wir alle einladen und zulassen zu diesem Fest: von den kleinen Kindern bis zu den dementen Alten, die Leistungsträger einer Stadt wie Erlangen und diejenigen, die am Leistungsdruck zerbrochen sind, die Gesunden wie die Kranken. Zum Abendmahl sind alle zugelassen, die dem Ruf Jesu Christi folgen wollen. Hier erfahren wir im Kreis des Abendmahls eine Form von Inklusion, wie es sie in unserer Gesellschaft erst ansatzweise gibt.

Natürlich: Es schmerzt, dass unsere Feiergemeinschaft noch immer nicht allumfassend ist. Wir vermissen die Jugendlichen, wir bedauern, dass wir das Abendmahl nicht bei unseren ökumenischen Geschwistern gemeinsam feiern können. Und ohne Zweifel finden nicht alle Milieus in gleicher Weise zu uns. Das müssen wir daher selbst noch ernster nehmen, dass Christus uns zuruft: Ihr seid alle eingeladen zum Fest des Glaubens.

Titel (→ Mittel)	(Titel ←) Mittel
Lebenslanges Lernen und Feiern	Zitat, Reflexion und Anapher

> Und dort lernten sie zu teilen Brot und Wein und Geld und Zeit; und dort lernten sie zu heilen Kranke, Wunden, Schmerz und Leid; und dort lernten sie zu beten, dass dein Wille, Gott, geschehe; und dort lernten sie zu leben, dass das Leben nicht vergehe. Eingeladen zum Fest des Glaubens, eingeladen zum Fest des Glaubens. Eingeladen zum Fest des Glaubens, eingeladen zum Fest des Glaubens.[3]

Gottesdienst feiern ist zugleich eine verdichtete Einführung in die christliche Lebenskunst. In den verschiedenen Zeichen- und Sprachformen des Gottesdienstes spiegeln sich die Grundkräfte des christlichen Lebens: Zuwendung zu Gott, Innehalten vor Gott, Orientierung erhalten, beschenkt werden und gesegnet werden.

---

3 A.a.O., Str. 3.

Gewiss: In der Gottesdienstfeier geht es nicht zunächst ums Lernen und zuallerletzt um Belehrung, und dennoch ist auch die Feier des Gottesdienstes ein Bildungsprozess. Der Ursprung des deutschen Wortes „Bildung" liegt ja beim mittelalterlichen Mystiker Meister Eckart. Ihm kam es darauf an, dass sich Gott in uns „einbildet", hineinbildet. Das ist der theologische Kern der späteren Bildungskonzeptionen in Philosophie und Pädagogik. Wenn sich Gott in uns einbildet, können wir unsere Lebensmöglichkeiten, unsere Talente entwickeln und entfalten. Einbildung Gottes und Ausbildung unserer Begabungen gehören daher zusammen.

„Ich feiere Gott in mir – also entfalte ich meine Lebensmöglichkeiten."

Im Gottesdienst begegnen mir Möglichkeiten, meinen Glauben auszudrücken, ihm Gestalt zu geben.
Da gewinnen meine Sinne an Intensität und ich finde Sprache für den Dialog mit Gott und mir selbst. Unsere heute beginnende Universitätspredigtreihe zum Thema „Gottesdienst" widmet sich genau diesen Vollzügen.

Da intensiviere ich mein *Hören*, ich merke auf die Stimmen der anderen, auf Orgelklänge, auf das Wort der Heiligen Schrift.

Da lerne ich, *mein Leben zu bedenken*, angeregt vielleicht durch Worte von Predigern oder Liedtexten oder auch durch die Stille, die uns umschließt.

Da halte ich *Einkehr in meinem Leben*, bedenke mein Versagen, meinen Glauben und meine Schuld vor Gott.

Da gebe ich *Gott Zeit, bei mir einzukehren*, mich ekstatisch über mich hinaus zu ihm zu erheben.

Da finde ich im *Singen, Beten und Segnen* verschiedene Ausdrucksmöglichkeiten, um mich im Raum der Gegenwart Gottes zu bewegen und mich von ihm inspirieren und stärken zu lassen.

Beim Feiern lernen wir, von Gott etwas zu erwarten. Wir sehen neue Lebensmöglichkeiten im Hier und Jetzt. Und hoffen auf den Herrn und gewinnen so Zukunft.

Unsere Befreiung im heute lebt davon, dass uns Gott entgegenkommt, dass das Lamm, von dem der Seher in der Offenbarung des Johannes spricht, also Jesus Christus gegenwärtig ist unter uns, und wir als die Gemeinschaft der Glaubenden bereit sind für diese Feier, für Gottes endzeitliches Hochfest der Liebe und der Gerechtigkeit. Deshalb hängt viel daran, dass wir uns das endzeitliche Halleluja bereits heute zu Eigen machen.

Titel (→ Mittel)	(Titel ←) Mittel
Die endzeitliche Hochzeit und ihre Lobgesänge	Reflexion, Betrachtung des Kirchenraumes

Viermal erfolgt in der Vision des Sehers Johannes der Aufruf, Gott zu loben (Halleluja - lobt Gott/Jahwe - das „Ja" steht für den Gottesnahmen). Dieses endzeitliche Fest, das Johannes beschreibt, lebt von zweierlei: von der jubelnden Anrufung Gottes: *„Halleluja! Das Heil und die Herrlichkeit und die Kraft sind unseres Gottes!" (Offb 19,1)* Und von der *„Gerechtigkeit der Heiligen" (Offb 19)*, die sie anziehen wie ein schönes Leinengewand.

Die Öffentlichkeit ist heute aufmerksam dafür, wenn beide Bestandteile auseinanderfallen: Wenn nur noch das schöne Gotteslob gesucht wird, für das dann absurd teure Privatkapellen gebaut werden und zugleich die Verteilungsgerechtigkeit im Land und auch in der Kirche leidet.

Mit dem „Halleluja" wird im NT gegeizt, es findet sich nur hier an dieser Stelle, ist also dem endzeitlichen Jubelfest zugedacht, dem Tag, an dem die „Hure Babylon" untergeht und das Reich Gottes endgültig sich durchsetzt. Insofern ist es mutig, wenn wir es heute oft leichtfüßig in den Mund nehmen. Denn mit dem Halleluja-Ruf verbinden sich die Vision der Durchsetzung des Reiches Gottes und das Vergehen aller Mächte der Unterdrückung und Ungerechtigkeit. Bei diesem Fest sind uns die Gewänder der Gerechtigkeit bereit gelegt. Wir dürfen uns sollen sie anziehen. *„Selig sind, die zum Hochzeitsmahl des Lammes berufen sind." (Offb 19,9)*

Das Halleluja, in das die Gerufenen mit einstimmen, kann dann allerdings nicht ohne Folgen für unser Leben bleiben.

Liebe Gemeinde, wir feiern nachher das Abendmahl um diesen künstlerisch gestalteten Abendmahlstisch herum, aus dem der Auferstehende herauswächst. Er wird hier nicht als der Triumphator mit wehender Fahne dargestellt, wie man ihn an anderen Stellen finden kann. Er bleibt der Realität des Todes verbunden, ja wächst mitten heraus aus dem Feld der Totenschädel. Was mir beim ersten Betrachten vor mehr als 10 Jahren gruselig vorkam, überzeugt mich immer mehr, seitdem ich hier große Abendmahlsfeiern der Semestereröffnungsgottesdienste erlebt habe: Hier ist der Ort für eine besondere Feier, eine Feier, die die Opfer der Geschichte nicht vergisst und sie gerade dort sichtbar hält, wo wir die größte Hoffnung und unsere Zukunft gewinnen. Wir feiern kein Fest der Halleluja-Harmonieseligkeit oder der Todesverdrängung, sondern ein Auferweckungsfest mitten im Feld des Todes. Und wir nehmen das Gedenken an die Verstorbenen und die Opfer unseres Lebensstils, wie die Ertrunkenen vor Lampedusa, mit hinein in unsere gottesdienstliche Feier der Auferstehung. Das unterscheidet den Gottesdienst signifikant von der Party. Die Feier des Abendmahls mündet in das

Fürbittengebet und die Bitte um Gottes Segen. Zu diesem Fest des Glaubens, das Hohes und Tiefes, höchsten Jubel und das Gedenken der Opfer umfasst, sind wir alle eingeladen.

Titel (→ Mittel)	(Titel ←) Mittel
Lasst uns einstimmen in die Feier des Lebens	Zitat, Erklärung und Aufforderung

Aus den Dörfern und aus Städten, von ganz nah und auch ganz fern, mal gespannt, mal eher skeptisch, manche zögernd, viele gern, folgen wir den Spuren Jesu, folgen wir dem, der uns rief, und wir werden selbst zu Boten, dass der Ruf noch gilt, der lief:
Eingeladen zum Fest des Glaubens, eingeladen zum Fest des Glaubens. Eingeladen zum Fest des Glaubens, eingeladen zum Fest des Glaubens.[4]

Wo unser christliches Feiern gelingt, wird aus denen, von denen in der ersten Strophe distanziert in der dritten Person gesprochen wurde, nun eine Gemeinschaft der Heiligen. Von dieser Gemeinschaft ist in der letzten Strophe als „wir" die Rede, „folgen wir den Spuren Jesu". Nur durch dieses „wir" und die Gegenwartsform des Verbes („folgen wir") unterscheidet sich die vierte Strophe von der ersten. Aus dem distanzierten „sie" wird nun also das „wir". Diese Verwandlung geschieht durch die Annahme der Einladung zum Fest des Glaubens.

Noch immer gilt, dass dieses „wir" uns nicht homogenisiert, dass wir je Einzelne bleiben mit unseren unterschiedlichen Weisen zu glauben, „mal gespannt, mal eher skeptisch, manche zögernd, viele gern". Was uns vereint, die wir zum Tisch des Herrn gemeinsam treten, ist zunächst dies, dass wir es uns gefallen lassen, Eingeladene zu sein. Und deshalb den Spuren und seinem Ruf folgen. Als solche, die am Tisch des Herrn das Leben aus der Kraft der Auferweckung feiern, werden wir selbst zu Boten und zu Zeichen der guten Botschaft. Wir lassen uns von Gott beschenken mit den Gaben seines Heilswerkes. Und werden so immer neu verwandelt in den Leib Christi. In der Feiergemeinschaft dieses Leibes sind wir unserer Zeit voraus und schmecken schon etwas vom endzeitlichen Hochzeitsmahl. Wahrlich ein Grund zum Feiern!
Und daher lautet das Motto am Ende:
„Wir sind – also feiern wir. Wir sind – wir sind nämlich von Jesus Christus Eingeladene – und daher feiern wir."
Und genauso andersherum:
„Wir feiern – also sind wir." Wir feiern, nämlich Gottes heilsamen Dienst an uns, und gewinnen daraus unsere Lebensantwort, unsere Lebenskunst, jetzt hier im Fest und dann wieder im Alltag.

4 A. a. O., Str. 4.

Wir feiern Gott im Hören und Singen, im Bedenken und Innehalten, im Bekennen, Beten und Segnen, im Schmecken und Berührtwerden.

Wir feiern Gott – also sind wir. Amen.

Zur Arbeit mit der Dramaturgischen Homiletik: Anmerkungen in Form einer Rezension zu „Martin Nicol: Einander ins Bild setzen. Dramaturgische Homiletik (2002)".[5]

Kirchenmusikerinnen und -musiker sind professionelle Predigthörende. Nicht selten versuchen sie wettzumachen, was der Predigt misslungen ist. So wird sie nicht unberührt lassen, wenn der Predigtnot unserer Tage aufgeholfen wird mit einer Programmschrift, deren Geist ein dramaturgisch-musikalischer ist. Martin Nicol – Ordinarius für Praktische Theologie in Erlangen – empfiehlt, die Predigt als Kunst unter Künsten zu begreifen. Film statt Vorlesung, gestaltete Bewegung und klingendes Ereignis statt Informations-Transfer, Entfaltung statt Zusammenfassung: so lauten die Leitmarken seiner erneuerten Homiletik. Predigt steht damit in Analogie zu den Performing Arts, den zeitlich bewegten Künsten, sie wird zur ästhetischen Praxis. Und der Gottesdienst darf wieder gegen alle Instrumentalisierungen darstellendes Handeln auf dem Weg im Geheimnis Gottes sein. Als Rede bleibt die Predigt zwar eigenen, anderen Gesetzen unterworfen als die symbolisch-liturgischen Vollzüge, als dramaturgisch entwickelte Gestalt lässt sie sich jedoch viel besser in die liturgische Bewegung integrieren. Solche Predigt redet nicht über Abwesendes, sondern gibt Anteil am gegenwärtigen Geschehen des Gotteshandelns. Zur dramatisch-musikalischen Metaphorik gesellt sich synästhetisch nun die bildende Kunst: Ziel der Predigt sei es, die Hörer ins Bild beziehungsweise in die Bilder der Bibel zu versetzen. Bilder und Geschichten, Metaphern und Gleichnisse allein sind dem Reden von Gott angemessen. Die Predigerin möge sich entsprechend dem Kunsthandwerk der Filme-, Theater- oder Liedermacher als Predigtmacherin verstehen. Nicol bietet Beispiele und Kunstregeln aus seinem Sprach-Atelier, wie solche Predigt zu gestalten wäre. Auf den dramaturgischen Bogen (neudeutsch „*Moves & Structures*" betitelt) kommt es ihm an, und auch die Körperpräsenz erfährt wie der Stimmklang neue Aufmerksamkeit.

Eine – auch sprachlich – runde und ansprechende Programmschrift wie diese muss sich auf ihr Hauptanliegen konzentrieren. Dass es auch andere Predigttypen als den hier empfohlenen weiter geben darf, wird nur angedeutet. Und die Anschlussmöglichkeiten für die vielfältigen Künste in der Liturgie wären erst

5 Zuerst erschienen unter dem Titel „Ein Geschenk für den Pfarrer. Martin Nicol: Einander ins Bild setzen", in: MuK 73 (2003), 190f.

noch genauer herauszuarbeiten. Es lohnt sich also, dieses anregende Buch zu studieren und dann weiterzudenken, wie Predigt als Performance und die Musik im Gottesdienst ineinandergreifen könnten.

Übrigens: Dieses auch optisch ansprechende Buch lässt sich hervorragend verschenken – insbesondere an Predigerinnen und Prediger. Vielleicht kann damit der Predigtnot vor Ort ja erste Hilfe geleistet werden.

Katharina Bach-Fischer und Romina Rieder

Einander ins Bild gesetzt – ein Resümee

Zur Arbeit mit der Dramaturgischen Homiletik

Seit dem Erscheinen der Programmschrift „Einander ins Bild setzen“ (2002)[1] wurde die Dramaturgische Homiletik vielfältig rezipiert und weiterentwickelt. Neben der wissenschaftlichen Auseinandersetzung gibt es eine breite Aufnahme und Fortentwicklung des Ansatzes in der Praxis. Zum einen haben diejenigen, die sich mit dem Modell der Dramaturgischen Homiletik beschäftigt haben, es auf ihre Art und Weise für sich adaptiert. Zum anderen wurde am Erlanger Lehrstuhl von Martin Nicol und seinem Team die Dramaturgische Homiletik stets didaktisch weiterentwickelt. Dabei sind Anfragen und Ideen aus den homiletischen Seminaren und Fortbildungen aufgenommen worden und die daraus resultierenden Überlegungen wieder in diese didaktische Arbeit zurückgeflossen. Es kam dadurch immer wieder zu unterschiedlichen Schwerpunktsetzungen, die sich literarisch bisher kaum niedergeschlagen haben. So rückten in letzter Zeit zum Beispiel die Hörerinnen und Hörer zunehmend in den Fokus unseres dramaturgisch-homiletischen Nachdenkens.

Im Folgenden sammeln wir Beobachtungen, die sich sowohl auf unser didaktisches Arbeiten als auch auf die vorliegenden 21 Predigten beziehen. Dabei folgen wir dem bewährten homiletischen Dreischritt von Predigtpersonen, Gemeinde und Wort Gottes.

Predigtperson

In der Programmschrift „Einander ins Bild setzen“ werden die Predigenden vor allem als Subjekt der Dramaturgischen Schrifterkundung und als Predigtpersonen reflektiert.[2]

---

1 Die Programmschrift erschien erstmalig im Jahr 2002. Vgl. Nicol, Martin, Einander ins Bild setzen. Dramaturgische Homiletik, Göttingen ²2005.
2 Vgl. Nicol, Bild, 79–81.

Eine der großen Stärken der Dramaturgischen Homiletik ist dabei die Offenheit für die individuellen Predigtstile. Daraus resultiert in der Praxis eine starke Divergenz und Pluralität der Predigten, die mit den dramaturgisch-homiletischen Arbeitsweisen entstehen. Eine zusammenfassende Würdigung wird dadurch erschwert, dass die Dramaturgische Homiletik keine normierte Methode oder Lehre mit exklusivem Charakter sein will.

Wir sind allerdings froh, dass es möglich war, die Vielfalt der Dramaturgischen Homiletik in diesem Band sichtbar zu machen. Es sind Predigerinnen und Prediger versammelt, die der Dramaturgischen Homiletik auf völlig unterschiedliche Weise begegnet sind und sie entsprechend adaptiert und für sich weiterentwickelt haben: Ehemalige Studierende und Mitarbeitende von Martin Nicol und Alexander Deeg oder Predigende, die ein Seminar in Braunschweig im Atelier Sprache e.V. besucht haben oder diese Homiletik an vergleichbaren Orten pastoraler Aus- und Fortbildung kennen gelernt haben. Die unterschiedlichen persönlichen Zugänge werden in den reflexiven Bemerkungen erkennbar, die jeweils auf die Predigten folgen. Auch die vielförmigen Arbeitsfelder und regionale Begebenheiten tragen zur Differenzierung der Dramaturgischen Homiletik bei. Pfarrerinnen und Pfarrer, die in ihren Gemeinden sonntäglich predigen pflegen naturgemäß einen anderen handwerklichen Umgang mit der Predigt, als solche, die überregionale Stellen innehaben und oftmals eher gelegentlich und vor wechselnden Gemeinden predigen. Und in der Nordkirche mag man anderes von Predigt erwarten als im fränkischen Erlangen oder in Berlin und Leipzig - so jedenfalls unser Eindruck.

Das dramaturgisch-homiletische Paradigma „Predigt als Kunst unter Künsten“[3] birgt für die Person des Predigenden die Gefahr, vollständig hinter dem *Kunstwerk Predigt* zu verschwinden. Es hat sich auf Fortbildungen und in Seminaren immer wieder als Herausforderung erwiesen, dieser Gefahr angemessen und unverkrampft zu begegnen. Die Glaubwürdigkeit des Evangeliums der Predigt erweist sich auch darin, dass Predigende als Christenmenschen erlebbar werden: „Wo der Literat brilliert, würde ein Prediger unglaubwürdig.“[4]

Predigtpersonen, die sich der Herausforderung stellen, persönlich Zeugnis zu geben, über*zeugen* dadurch, dass sie mit ihren Gottesdienstgemeinden teilen, wo sich das Evangelium von Jesus als dem Christus in ihrem Leben als wahr erweist. Überzeugen kann nur, wer sich gelegentlich traut, Ich zu sagen.[5] Engemann spricht in diesem Zusammenhang von „konfessorischer Kompetenz“[6]. Es kann freilich nicht darum gehen,

3 Nicol, Bild, 29–37.

4 Nicol, Bild, 130.

5 Erneut deutlich wurde uns dies bei einem Predigtcoaching in der Gruppe am Zentrum für evangelische Predigtkultur in Wittenberg mit Kathrin Oxen und Felix Ritter im Herbst 2016, wofür wir an dieser Stelle danken.

6 Engemann, Wilfried, Einführung in die Homiletik (UTB 2128), Tübingen/Basel 2002, 222–232. Zu den Chancen und Grenzen des Ichs auf der Kanzel bietet folgender Aufsatz immer noch den besten Überblick: Josuttis, Manfred, Der Prediger in der Predigt. Sündiger Mensch oder

die Predigt mit persönlichen oder gar privaten Bildern und Geschichten zu überfrachten, sondern vielmehr darum, das eigene Reden von einer biographischen Grundströmung getragen sein zu lassen. Dieser Herausforderung gestellt haben sich in unserer Predigtauswahl zum Beispiel Kathrin Oxen und Christoph Zeh. Kathrin Oxen konfrontiert sich und die Gemeinde mit dem eigenen Älterwerden und der Veränderlichkeit des Körpers und kann aus dieser Konfrontation heraus die Auferstehungsbotschaft zum Leuchten bringen. Christoph Zeh geht anders vor: Er berichtet mit Humor von einem Urlaubserlebnis und lässt es dafür durchsichtig werden, was für ihn in der geschilderten Szene über das Wesen der Liebe sichtbar wurde.

Die Dramaturgische Homiletik betont den Ereignischarakter des Predigtgeschehens: In der Predigt ereignet sich Wort Gottes.[7] Dennoch tritt die Mündlichkeit des Predigens beim Predigtmachen in den Hintergrund. Sie könnte unseres Erachtens handwerklich von vornherein mehr bedacht werden, denn Predigt ist eben in erster Linie Rede nicht Schreibe.[8] Denkbar wäre, die *Titel-Mittel*-Kästchen um ein *Performance*-Kästchen zu ergänzen, in dem rhetorische Mittel, Sprechtempo etc. bereits im Manuskript der Predigt verankert werden. Auch die Predigten dieses Bandes bleiben naturgemäß auf der Textebene stehen.

Zwar wird der Überzeugung vom Ereignischarakter der Predigt in Erlangen Rechnung getragen, indem Seminar-Predigten in der Regel in *richtigen* Gottesdiensten gehalten werden, etwa in der Kirche St. Maria Magdalena in Erlangen-Tennenlohe. Dennoch wird die Herausforderung in Kursen zur Dramaturgischen Homiletik stets deutlich, wenn der Überschritt vom schriftlichen Predigtskript zur mündlichen Predigt vollzogen werden muss. Entlastend scheint uns die Beobachtung, dass normalerweise eine persönlich vorgetragene Predigt überzeugender wirkt, als das Predigtskript. Oftmals saßen wir enttäuscht vor den eingereichten Predigtentwürfen und waren dann am nächsten Tag erstaunt über die Qualität der gehaltenen Predigten.

Was dieser Band nicht vermag, nämlich die Mündlichkeit und Performanz von Predigt abbildbar und untersuchbar zu machen, versucht das Projekt „Predigital“[9]. Diese audiovisuelle Predigtdatenbank, die in Zusammenarbeit der Lehrstühle für Praktische Theologie in Erlangen und Leipzig und dem Gottesdienst-Institut in Nürnberg aufgebaut wurde, bereitet Predigten in Wort, Ton und Bild für die homiletische Didaktik auf.

---

mündiger Zeuge?, in: Ders., Praxis des Evangeliums zwischen Politik und Religion. Grundprobleme der Praktischen Theologie, München [4]1988, 70–94.

7 Vgl. Nicol, Bild, 47–55.

8 „Eine Rede ist ein für allemal keine Schreibe.“ Vischer, Friedrich Theodor, Das Schöne und die Kunst. Zur Einführung in die Aesthetik, Verlag Cotta 1907, viii. Vgl. Nicol, Bild, 52f., 114–123.

9 Siehe: www.projekt-predigital.de

Gemeinde

In der Programmschrift „Einander ins Bild setzen“ erfolgt wenig explizite Reflexion über die, die eine Predigt hören. Dennoch bietet die Dramaturgische Homiletik, wie sich bereits didaktisch gezeigt hat, zahlreiche Anknüpfungspunkte für einen bewussten Umgang mit dem Hören.

Ein solch bewusster Umgang mit den Hörerinnen und Hörern der Predigt könnte bedeuten, einen impliziten Hörer des Predigenden vom vorfindlichen Hörerkreis der Gottesdienstgemeinde zu unterscheiden. Freilich sind bei der Produktion der Predigt die „künftigen Hörenden im Blick“[10]. Jedoch hat Rudolf Bohren bereits davor gewarnt, das Bild der Gemeinde, das Predigende sich machen, vorschnell mit der real vorfindlichen Gemeinde zu identifizieren.[11]

> Das mag banal klingen, der Fehlschluss ist jedoch schnell gemacht. Wenn ich mich nicht davon befreien kann, jede und jeden erreichen zu wollen, predige ich für „Allerweltshörer“[12]. Dann kann ich der Versuchung nicht widerstehen, alle möglichen Alltagssituationen aufzulisten, in der Hoffnung, eine werde schon für jeden dabei sein – ähnliche Listen hören wir oft in Fürbittengebeten, in denen für alles und gerade deshalb für nichts gebetet wird. Oder ich muss die Gemeinde in die Identifikation mit biblischen Figuren zwingen – so unangemessen das auch sein mag, nur damit sie irgendwie berührt und angesprochen wird. Und wenn das nicht reicht, stelle ich ihr *Kanzelheilige* wie Mutter Theresa, Dietrich Bonhoeffer oder Martin Luther King als unerreichbare aber allgemeintaugliche Vorbilder vor Augen.
>
> Ein Beispiel, wie das Leben anschaulich zur Sprache gebracht werden kann, ohne Konkretion erzwingen zu wollen, finden wir in der Karfreitagspredigt von Barbara Hauck. Sie schildert Leben und stellt dabei ihre Wahrnehmung der Gemeinde zur Verfügung, ohne sie für ihre Sicht vereinnahmen zu wollen. Trotzdem wird die Gemeinde herausgefordert, sich zum Gesagten zu verhalten. Sie wird direkt angesprochen und an einer Stelle gar ermutigt, dem eigenen Widerwillen zum Gehörten in sich nachzuspüren.

Obwohl sich die anwesende Gemeinde nicht vollständig erschließen lässt, trägt die Dramaturgische Homiletik den Hörgewohnheiten gegenwärtiger Hörerinnen und Hörer Rechnung. Die Gestaltung der Predigt in kurzen Sequenzen ermöglicht ein abwechslungsreiches Hören in rezipientenfreundlicher Länge. Zusätzlich ist es unseres Erachtens notwendig, die Gemeinde und ihre Situation oder Zusammensetzung bei der Predigtgestaltung eigens zu bedenken. Es könnten sich zum Beispiel einzelne *Moves* inhaltlich an einem Teil der Gemeinde orientieren – etwa den Konfirmandinnen und Konfirmanden die, zum Gottesdienstbesuch verpflichtet, nicht selten einen nennenswerten Teil der Gottes-

10 Nicol, Bild, 69.

11 Zur „Erfindung des Hörers“ vgl. Bohren, Rudolf, Predigtlehre, München ^{2}1972, 465–469.

12 Bohren, Predigtlehre, 466.

dienstgemeinde stellen. Nur konsequent ist es dann, wenn sich die Wahl angemessener sprachlicher *Mittel* auch an der jeweiligen Hörerschaft orientiert.

So trägt die sprachliche Gestalt der Predigt zum Reformationsjubiläum von Johanna Haberer dem anwesenden Jugendchor Rechnung und es war ihr möglich, einen Rap als *Move* in die Predigt zu integrieren. Auch die Anschauung in der Predigt – Facebook, die Peinlichkeit, öffentlich über Glauben zu sprechen – ist am Hörerkreis orientiert, ohne dass die Predigt übermäßig heterogen wirkt und ohne dass die Predigerin an Glaubwürdigkeit verliert.

Ferenc Herzig nimmt das Setting Universitätsgottesdienst ernst und richtet über die Hälfte seiner Predigt klar auf die angenommene studentische Hörerschaft aus. Die Schilderung der Lebenswirklichkeit nimmt deren Alltag auf. Es werden Orte und Namen genannt, die Angehörigen der Leipziger Universität bekannt sein dürften. Außerdem setzt sein assoziativer und experimenteller Umgang mit Sprache ebenso eine gehobene akademische Bildung voraus, wie die punktuell eingestreuten Bezüge und Andeutungen zum Predigttext.

Der dramaturgisch-homiletische Ansatz setzt Erkenntnisse der Rezeptionsästhetik praktisch um. Die Offenheit des Rezeptionsprozesses ist, das ist vielfach festgestellt worden,[13] als Chance zu begreifen. Mit der Überwindung der Vorstellung, dass eine Predigt von einer zentralen Botschaft getragen werden könnte, geben rezeptionsästhetische Homiletiken der Gemeinde ihre Mündigkeit wieder. Die Vorstellung mit der Predigt einen Kommunikationsraum zu eröffnen, in dem Predigthörende sich selbst verorten und in dem die „Polyphonie des Heiligen Geistes"[14] herrscht, erlaubt es, die Gemeinde in der Pluralität ihrer Lebensvollzüge ernst zu nehmen.[15] Die Dramaturgische Homiletik sucht bewusst Spannungen und Spannungsbögen in und um den Predigttext,[16] die gestaltet und für die Gemeinde nicht einfach aufgelöst werden, sodass eine eigenständige Auseinandersetzung zumindest möglich bleibt.

Dies bedeutet nicht, wie man es leider immer wieder sieht, die Gemeinden mit unsortierten und zusammenhanglosen Gedankenfetzen zu konfrontieren – seien sie noch so kunstvoll sprachlich arrangiert. Sondern: Dies bedeutet, einen Freiraum zu ermög-

13 Siehe: Nicol, Martin / Deeg, Alexander, Im Wechselschritt zur Kanzel. Praxisbuch dramaturgische Homiletik, Göttingen ²2013, 36; 84; 154. Vgl. Henning Luther, Spätmodern predigen, in: Ders., Frech achtet die Liebe das Kleine. Biblische Texte in Szene setzen. Erweiterte Neuauflage, Stuttgart 2008, 12–16; Gerhard-Marcel Martin, Die Predigt als "offenes Kunstwerk"? Zum Dialog zwischen Homiletik und Rezeptionsästhetik, EvTh 39 (1984), 47–58; Wilfried Engemann, „Unser Text sagt ...". Hermeneutischer Versuch zur Interpretation und Überwindung des „Texttods" der Predigt, ZThK 93 (1996), 450–480; Erich Garhammer / Hein-Günther Schöttler (Hg.), Predigt als offenes Kunstwerk. Homiletik und Rezeptionsästhetik, München 1998 u.v.a.

14 Vgl. Bohren, Predigtlehre, 79.

15 Vgl. Nicol, Bild, 69.

16 Vgl. Nicol, Bild, 62–63.77f. und Nicol/Deeg, Wechselschritt, 19.

lichen. Dabei bleibt Predigt selbstverständlich gestaltete, intentionale Rede. Es geht dann nicht darum, das Zeugnis zu verweigern, sondern es gemeinsam zu teilen. Predigten, die die Gemeinde in einen Kommunikationsraum führen, lassen Offenheit zu, müssen nicht alles klar festlegen und definieren, sie können und müssen Widersprüche aushalten. In der Predigt, das kann man beispielsweise an der Predigt zu Jona von Alexander Deeg sehen, ist das Gebet eine Möglichkeit für einen gestalteten offenen Schluss. Das Gebet beschreitet dabei einen Weg für die Gemeinde mit der Offenheit umzugehen, nämlich Gott unsere Widersprüche und unsere Unvollständigkeit hinzuhalten. Einen anderen Weg führt Anne Gideon ihre Gemeinde mit ihrer Pfingstmontagspredigt. Sie verzichtet darauf, das paulinische Bild vom Leib und den vielen Gliedern eins zu eins in die Gegenwart zu übersetzen und praktisch für die konkrete Gemeinde durchzuspielen, sondern sie legt ein zweites Bild daneben: Das Bild des musikalischen Zusammenklangs. Sie überlässt es dabei ihren Hörerinnen und Hörern diesem Bild Raum zu geben, es auszuprobieren und für sich geistlich fruchtbar zu machen.

Wort Gottes

Der Bibelzentriertheit der Dramaturgischen Homiletik ist es zu verdanken, dass das Wort Gottes in dramaturgischen Predigten vielfach großgemacht wird.

Die Dramaturgische Homiletik ist geprägt von einer großen Hochachtung für das Bibelwort und ist somit bestrebt, den vielfältigen Schatz der biblischen Überlieferung in all ihren Facetten zu heben. Das biblische Zeugnis wird nicht als zu predigender Textblock wahrgenommen, sondern als lebendige „Worte, Bilder und Geschichten der Bibel“[17]. Diese entwickeln schon allein aus sich heraus eine Wirkkraft und müssen nicht erst mühsam zu den Hörerinnen und Hörern getragen werden.[18]

Sichtbar wird diese hermeneutische Grundüberzeugung vor allem durch die Schnitttechniken,[19] die Bibelwort und Kanzelsprache übergangslos miteinander verbinden und die biblischen Worte hineinsprechen in unseren Alltag und unsere Kanzelrede. Einige der hier versammelten Predigten arbeiten mit Schnitttechniken und der unkommentierten Aktualisierung biblischer Texte, genannt sei exemplarisch die Predigt von Kerstin Baderschneider am Ersten Weihnachtstag. Die Predigt ist nicht nur durchwoben von den Worten und Bildern des Predigttextes, sondern bewegt sich im gesamtbiblischen Textraum.

17 Nicol, Bild, 65; Nicol, Deeg, Wechselschritt, 20.43–46.153–155. u.v.a.

18 Vgl. Nicol/Deeg, Wechselschritt, 115

19 Zur Montage in Film und Predigt vgl. Percze, Sándor, Kunst, Kino und Kanzel. Die Ästhetik des Films und die Gestalt der Predigt (Studien zur Christlichen Publizistik 22), Erlangen 2013, 242–339.

Die Dramaturgische Homiletik ist durchdrungen von einer Hermeneutik, die sich unter anderem aus einer Wort-Gottes-Theologie speist. Es scheint möglich zu sein, das Handwerkszeug der Dramaturgischen Homiletik auch vor einem anderen (hermeneutischen) Hintergrund fruchtbar zu machen.

So zeugen etwa die abgedruckten Themapredigten davon, dass der Ausgangspunkt einer dramaturgischen Predigt nicht zwingend ein biblisches Wort sein muss, wenngleich auch diese Predigten nicht ohne biblische Bezüge auskommen wollen.

In jedem Fall liegt es in der Verantwortung der Predigenden, die Worte, Bilder und Geschichten der Bibel in der Predigt zum Leuchten zu bringen und den Hörerinnen und Hörern einen Weg in die eigene Erkundung zu ermöglichen.

Dazu braucht es gedankliche Stringenz, ordentlich gestaltete Scharnierstellen zwischen den *Moves* und eine gut komponierte und reflektierte *Structure.* Es bedarf aber auch eines Menschen, der sich selbst im Bibeltext verortet hat – zumindest für diese eine Predigt, bevor er andere in dieses Wort führt. In der didaktischen Praxis hat sich hier das Bild der Predigerin beziehungsweise des Predigers als Reiseführer als hilfreich erwiesen. Die Aufgabe der Predigenden ist es also, Hörende auf eigene Begegnungen mit dem Bibelwort hinzuweisen und Entdeckerfreude bei ihnen zu wecken.

Bernhard Petry hat das in seiner Predigt zum Wahlsonntag handwerklich umgesetzt. Der Leitsatz „Wir haben die Wahl“ zieht sich durch alle Teile der Predigt und orientiert Hörer und Hörerin, damit sie dem Prediger und seiner Auslegung folgen können. Innerhalb des *Moves* „Die Qual der Wahl“ bietet er durch kurze Einschübe Hörhilfen, so dass die Gemeinde Unterstützung zur eigenen Gedankenbildung im Blick auf die biblische Geschichte bekommt.

Bei der Predigt von Bettina Schwietering-Evers wird deutlich, wie wichtig eine durchdachte *Structure* für die Wirkung der Predigt ist. Sie beginnt die Predigt, indem sie das Lied „Ein Stück vom Himmel“ zitiert. Aufgrund seines Bekanntheitsgrades klingt es die ganze Predigt mit. So kann sich dieser Liedtext mit dem biblischen Wort von *Bürgerrecht im Himmel* verknüpfen. Die Autorin gestaltet die Predigt als Rahmenpredigt, indem sie im letzten *Move* das zitierte Lied erneut aufnimmt. Dadurch eröffnet sie einen intertextuellen Raum, in dem es den Hörerinnen und Hörern möglich wird, die gesponnenen Gedankenfäden miteinander zu verknüpfen.

Am Anfang des Homiletischen Seminars und zu Beginn jedes Grundkurses Homiletik bitten wir die Teilnehmenden um ihre Definition von Predigt: *Predigen heißt…* Predigen heißt für uns „Einander ins Bild setzten“ beziehungsweise einander in die Worte, Bilder und Geschichten der Bibel setzten. *Einander.* Diese Formulierung ruft angesichts der monologischen Gestalt der Kanzelrede erfahrungsgemäß viele Fragen hervor. Ja, die Predigt ist ein wechselseitiges Geschehen: Predigerin und Gemeinde stellen sich als Hörende gemeinsam dem biblischen Zeugnis, lassen sich hineinnehmen, grenzen sich ab oder werden berührt. Wo dies – dank des Heiligen Geistes – geschieht, wird Predigt zum Ereignis des Wortes Gottes.